大人の女よ！　清潔感を纏いなさい

齋藤　薫

JN030203

集英社文庫

contents

はじめに 9
Lesson 1 歳をとるほどピンク! 11
Lesson 2 白髪は魔法! 21
Lesson 3 一生モノの美人の肝は、清潔感 31
Lesson 4 「見られている」という〝うぬぼれ〟 41
Lesson 5 髪を切るか切らないか 51
Lesson 6 年齢はむしろ後ろ姿に出る 61
Lesson 7 人とやたらに目が合うアイメイク 71
Lesson 8 声美人が一生美人 81
Lesson 9 キレイより、若いより、「素敵」と言われたい 91
Lesson 10 なぜもっとメイクしないの? 101

Lesson 11 攻めのモードに挑む人は年齢不詳 111
Lesson 12 メイクは要するに錯覚だ 121
Lesson 13 センスは最強のアンチエイジング 131
Lesson 14 老けない人は、太らない 141
Lesson 15 シワが見えない人 151
Lesson 16 「笑顔」顔の女になる 161
Lesson 17 「元気そう」こそ最高の褒め言葉 171
Lesson 18 逆に歳をとるほど美しさを増やす人 181
Lesson 19 一生ハイヒールという美容 191
Lesson 20 一生モテ続ける人になる 201
文庫版あとがき 211

大人の女よ！
清潔感を纏いなさい

はじめに

久々に仲間が集う同窓会でこんなことを感じたことはないだろうか？

セーラー服姿の昔の印象とほとんど変わっていない人。

逆に誰だかわからないほど面変わりして老け込んでしまった人。

同級生なのだからみな同じだけの時を経ての今の顔。

なのにどうしてこんなに差がつくのだろう。

もしかすると女性の一生でいちばん差がつくのが五十五歳くらいなのかもしれない。

では歳《とし》を重ねてキレイになる人はいったい何をしたのか？　美容ジャーナリストの第一人者、齋藤薫さんが解き明かす、「ずっときれいな人の秘密」。

どんなテクニックよりもどんな美容液よりも効果の上がる方法は、じつは内面、つまり心の持ちようではないだろうか。

「私みたいなおばさんをもう誰も見ないからいいの」と外見にかまわなくなったら、それは女性であることを放棄したのと同じこと。

いくつになっても女らしさは常に意識すべきだし、身ぎれいでいることも大切。もっと自分に自信を持って人生前向きに顔を上げて生きていこう。

シワもシミもあるけれど、ここが大切な分かれ目。今こそが「攻める」とき。歳を重ねた今のあなたには、若さだけでは到底太刀打ちできないマチュアな美しさと、人間としての厚みが備わっているのだから。

古今東西の美人六十人の実例がそれを裏づけてくれる。

これは、いくつからでも、いつでも始められる「読む美容本」。

読み進むうちにあなたの中のキレイがどんどん増えていくことを身をもって体験してほしい。

Lesson
1

歳をとるほど
ピンク！

「プラダを着た悪魔」で
モード雑誌の編集長を演じたメリル・ストリープは、
ピンクの口紅で、悪魔的クールビューティを粋に決めた

衰えが気になるなら、ピンクを塗りなさい

まず見てほしい、「プラダを着た悪魔」（二〇〇六年）のメリル・ストリープは、最強のキャリアウーマンという役柄に反して、少女のようなピンクの口紅を塗っている。ピンクは若い人の色……そういう思い込みで、大人の女がどれだけ損をしているか、ここで気づいてほしいのだ。年齢に置き換えたら、おそらく十歳分以上の若さを損してる。大人は歳をとるほど、むしろピンクに頼るべきなのに。

ピンクは、子どもの頃から〝女の子の色〟だった。だから可愛《かわい》さの象徴だっ

たり、幼さの象徴だったり。一方でまた、ピンクには甘ったるい砂糖菓子のイメージがつきまとっている。けれどもピンクはもうひとつ、〝血色〟を描き出す色という重要な役割をもたされてもいる。肌を通して見る血液の色は言うまでもなくピンク。赤ではなく、ピンク。「頬が紅潮する」というときの〝紅の色〟は、紛れもなくほのかなピンクだ。

だからこそそのピンクは、生命感や生き生きした若さを伝える色となる。肌色にやわらかいピンクをのせただけで、まるで若い命が吹き込まれたように、肌は透明感をもち、人は清潔感を宿すようになる。

年齢を感じ始めたら、衰えを気にし始めたら、迷わずピンクを手に取ってほしい。五十代、六十代、七十代、あるいはそれ以上、正直死ぬまでピンクに頼っていい。大人を清らかに見せてくれる色、それが肌を通して見た血の色、ピンクなのである。

まずは口紅でピンク。
十代が塗るような、淡く澄んだピンクを探して

まず一刻も早く手にしてほしいのが、ピンクの口紅。それも、まるで少女が初めて塗るような、透き通った淡いピンクの口紅を探してほしい。もっと言えば、高校生がこっそり学校にも塗っていくような、プチプラコスメの薄づきのピンクを。つまりそれは、メイクするというよりも、ただただ若々しい澄んだ血色をまとう行為なのだ。これはメイクではなく、アンチエイジングなのだということにきっと気づくはず。

大人が大人色を塗ったら、もっと老けてしまう。
だから清らかピンクを塗る

大人が犯しがちなミスといえば、大人であるのを意識しすぎること。その最たるものが口紅選びで、〝大人色〟と称して、わざわざくすんだシックな色の

口紅を塗るのは、大きな間違い。大人色といわれる色を大人が塗ったら、もっと老けるだけ。だからあえて〝少女の色〟を選びたいのだ。

人は年齢を重ねるほどに、印象の清らかさを減らしていく。清潔感を失うことが、すなわち歳をとること。だから、目に見える具体的な清らかさを足していくことが、大人メイクの絶対のルールなのだ。そういう意味で、この澄みきったピンクが究極のエイジングケアとなること、覚えていてほしい。

そう、上品なグレーヘアにこそ、ピンクのメイクはよく映える

たとえば、市川海老蔵《いちかわえびぞう》氏の母、堀越希実子《ほりこしきみこ》さん。あえて髪色を染めない、自然だけれどもきわめて上品なグレーヘアをショートにまとめた、本当に美しい人である。この人がしばしば淡いピンクの口紅を選んでいるのに気がついていただろうか？

和服にも見事に映えるこの粋なグレーヘアを見れば、センスのすごさはおの

ずと伝わってくるわけで、ここにピンクの口紅を合わせているのも、計算ずくであることがわかるはず。グレーには、青みのピンクがよく映えること、この人は知っているのだ。年齢を超えた、凜《りん》とした知的な美しさが、ちょっとクールなこのピンクに象徴されていることにも、気づいてほしいのである。

六〇年代の女神ブリジット・バルドーのピンクが、私たちのお手本

女がいちばん美しかった時代、それは言うまでもなく六〇年代。この頃の映画女優のエレガントでありながらセクシーな美しさは、今の私たちが本気でお手本にすべきもの。「流行は繰り返す」とされるのも、本当は揺るがぬ正解が未来にではなく過去にあるからなのかもしれない。そういう意味でもまさに絶対の正解といえるのが、ブリジット・バルドー。

存在自体がいまだに憧れの的であり続ける六〇年代のバルドーが、ゴダールの名作「軽蔑」(一九六三年)で見せた、ため息が出るようなコケティッシュ

な魅力はいまだ他の追随を許さない。そこで見逃してはいけないのが、ちょっとクールなベビーピンクの唇。太いターバンでまとめたヘアと、太めのリキッドアイライナー、大人にこそ映えるクールピンク口紅は、〝いい女〟の三種の神器とも言うべきものだった。この突き放すような唇が世界中を虜にしたこと、忘れないで。

チークはあえて青みのピンクを選ぶ。
すると肌に透明感が返ってくる

チークは肌色によくなじむコーラル系の色がベスト……多くの大人は、そういうふうに学んできたはず。でも、肌に衰えを感じ始めたら、コーラル系より絶対にピンク。しかも青みのベビーピンクを選んでほしい。それを頬に広めに、自然に丸くぼかして。それだけで、ハッとするほど肌が透明に見える。まさしく青みのピンクが、肌の透明感になりすました証《あか》し。前述したように、ピンクは言うまでもなく血液の色、青みが血管の色をイメージさせるからこそ、それはそっくり〝皮膚が透き通っている状態〟をつくり出すのだ。

意識して、肌色に溶け込む
ヌーディピンクのワンピースを着ましょう！

もうわかったはず。私たちが選ぶべきは可愛いピンクではなく、清らかに見えるピンク、かっこよく見えるピンク、そしてセクシーに見えるピンク。じゃあセクシーに見えるピンクって？　これはまさに肌と見紛うようなヌーディピンク。ヌードに見えてヌードじゃない。そのきわどさが、上品な官能性を際立たせるのだ。

たとえば、シフォンのような薄くしなやかな素材のヌーディピンク、質感も色も肌に溶け込むようなワンピースを着る。それだけで清潔な色気がほとばしる。靴などにもほかの色は使わない、混じり気のない肌色ピンクが、天女の羽衣のようだからこそ、清らかな官能美が描き出せるのである。

Lesson
2

白髪は魔法！

ヒッチコック映画「めまい」のキム・ノヴァク。
プラチナブロンドの髪とモノトーンの装いのコントラストが
ゾクゾクするほどカッコよかった

白髪になってから、オシャレ人生が始まると考えよう

私は、ある意味〝すっかり白髪になる日〟を楽しみにしている。なぜならば、若い頃からずっとずっと憧れていたプラチナブロンドの振りができるから。日本人の黒髪も、明るいグレーにまで白髪になったとき、まさしくヒッチコック映画の女優たちのようなプラチナブロンドに、きわめて近い美しさとインパクトをもつようになるからなのだ。

ちなみに、プラチナブロンドとは、同じブロンドヘアでもゴールドのニュアンスが目立つ、いわゆる〝金髪〟と区別して、もっと白っぽい文字どおりのプ

ラチナ色のような髪色のことを言う。ゴールド系よりも上品なことから、上品美女が好みのヒッチコック監督は、決まってプラチナブロンドの女優を起用していたのだ。

本来が漆黒である私たち日本人の黒髪は、イメージの上では世界中の人々の憧れではあるけれど、実際には、あまり洋服が似合わない髪色でもある。不思議に着物は似合っても、軽やかな洋服が似合わない。明るい服の色が映えない。逆にダークな色の服も重く見えたりする。オシャレの上では時々ネックになったりするのだ。

かくして日本人はみんな髪色を軽くしたいともがいてきたわけだけれど、そういう意味での究極は、やはりプラチナブロンドにも匹敵するグレーヘア。だから本気で攻めのオシャレをするならば、いっそ歳を重ねてグレーヘアになってからと、心に決めていたのである。

逆に白髪で生きていくと心に決めたら、もうオシャレに絶対手を抜かない！

プラチナブロンドに匹敵するほど、洋服がよく映えるのがグレーヘア……でも逆に言えば、白髪になったら、絶対オシャレに手を抜いてはいけない。手を抜いた途端に白髪は単なる衰えの象徴、たちまち人をくたびれた印象に見せてしまうから。白髪自体がモードなわけではない。スタイリングにも、また服のオシャレにも、こだわりをもって取り組んで初めて、黒髪の何倍も人をゴージャスに、しかも清潔に見せてくれること、忘れずにいたい。オシャレをすればするほど、白髪はもっと人を高級に見せてくれる。だから絶対手を抜かず！

絶対の鍵はボリューム感。だから帽子のように大きな白髪ヘアをつくる

白髪には、もうひとつ絶対の約束がある。それがボリューム感。毛量が少な

いと、白髪は文字どおり貧弱に見え、やっぱり人を疲れた印象に見せてしまう。ボリュームはグレーヘアの命なのだ。まさにヒッチコック映画の「めまい」（一九五八年）で一世を風靡《ふうび》したキム・ノヴァクが、まるでモードな帽子のように完璧なヘアスタイリングとたっぷりとした毛量を誇っていたように。

事実、グレーヘアが美しい人は、みんなたっぷりのボリュームと、隙のないスタイリングで見る人の目を奪う。加藤《かとう》タキさんしかり。堀越希実子さんもまたしかり。グレーヘアのルールを、この人たちはちゃんと知っている。そもそもボリュームがなかったらグレーヘアの道を選んでいなかったかもしれない。まずはボリューム、なのである。

ショートヘアもアップヘアも、モードにする白髪の魔法

そもそもが、白髪はどんな髪型であれ、一様に〝モードヘア〟のように見せてしまう力をもっている。これは髪型に限らず、髪の長さも問わず、共通して

言えること。

たとえば、加藤タキさんはいつも完璧なアップヘアを見せてくれるけれど、これが黒髪だったら醸し出せないようなゴージャスさを宿している。「めまい」のキム・ノヴァクもアップヘアが印象的だったが、グレーヘアもアップほどモード感が増すのは明らかなのだ。堀越希実子さんのショートヘアも、常に見事なカットにはため息が出るばかりだけれど、こうしたショートもまた、黒髪の場合よりもずっとモードな洗練された印象。どんな髪型も、モードにしてしまうのがグレーヘアの魔法なのである。

白髪なら、〝大人のワンレンボブ〟も成立する。〝前髪あり〟も成立する！

七〇～八〇年代、絶大な人気を誇ったダイアン・キートンは、一九四六年生まれ。三十歳で出演、アカデミー賞主演女優賞にも輝いた「アニー・ホール」（一九七七年）から、もうすでに四十年以上になる。でも、七十代を目前にしてから先、今日に至るまで、また改めて大活躍しているのを知っていただろうか。「ニューヨーク 眺めのいい部屋売ります」「最高の人生のつくり方」（ともに二〇一四年）、そして七十代に入ってからの「ロンドン、人生はじめます」（二〇一七年）など、次々と主役をこなしているのだ。かつて七十歳を超えるヒロインなど、「ドライビング MISS デイジー」（一九八九年）以外あり得なかった。〃人生百年時代〃であるのを物語るとともに、ダイアン・キートンがずいぶんと白髪の目立つ髪をあえてボブヘアにしたことで、この人の魅力がにわかに目を覚ましたのだ。

普通、ある年齢からはどうしても似合わなくなるワンレンや、前髪ぱっつんヘアも、白髪なら不思議なほどに似合ってしまうこと、しかもグレーヘアなのに、ハッとするほど若々しいこと、そうした矛盾が成立することも教えてくれたのである。

白髪のほうがむしろ何歳も若く見えるのはなぜなのか？

白髪にしてから急に脚光を浴びるようになる女性は、じつは少なくない。たとえば、草笛光子《くさぶえみつこ》さんや結城《ゆうき》アンナさんは、言うならばグレーヘアがひとつのきっかけになって存在感を煌《きら》めかせたといってもいい。この人たちもまた、黒髪だったときよりも、グレーヘアになってからのほうがむしろ若く見えるのだ。

でもいったいなぜ？　どう考えても、白髪は人を老けて見せる。これまで白髪は、老化の象徴だった。これはひとつに、白髪という衰えの象徴が、ある種の対比でむしろ肌や表情、顔立ちをかえって美しく見せるという逆転現象が起きているからなのだ。言うならばこれは、若づくりがむしろ年齢を際立たせてしまうのと、逆のメカニズム。

特に、年齢を重ねても美しい人ほど、その美しさが白髪というインパクトによってより際立ってくるという、そんな現象が起こっていると考えてもよい。

だから美しい人ほど、グレーヘアを目指そう。それこそ人生百年時代、もう一度花開かせるために。

Lesson
3

一生モノの
美人の肝は、
清潔感

© Masayoshi Sukita

清潔感は年齢を問わないことを証明してくれたのが、
涼やかなほどの清潔感と大人の色香を併せ持つ
ファッション・デザイナーの稲葉賀恵さん

七十代にして奇跡的に清潔感を保つ人がいる

年齢よりも若く見えること……それはほぼすべての女性にとって、揺るがぬテーマなのだろう。でも残念ながら多くの人が、手段を間違っている。明らかに若い層が着る服を強引に着てしまう若づくりは、むしろ実年齢をはっきり浮き彫りにしてしまうから、もちろんNG。一方、見るからに美容医療の作品のように、不自然なまでの若さをつくり上げてしまうのも、じつは不思議に若さにつながらなかったりするものなのだ。

では人を、本当の意味で若々しく見せるものとは何なのか？　それを存在で示してくれるのが、ファッション・デザイナーの稲葉賀恵《いなばよしえ》さん。年齢を超えた美しさは、尊敬に値する。そしてなんとも自然な若さには、目を見張るばかり。この人を見事なまでに若々しく見せているものが何であるか、わかるだろうか。ずばり〝清潔感〟である。

人間の宿命として、清潔感は年齢とともに失われていくもの。言い換えれば人は生まれたときはどこもかしこも清潔感に満ちている。それが年齢とともに、肌からも、表情からも、声からも、体型そのものからも、知らずしらず失われていってしまう。なのにこの人は奇跡的に清潔感を保っている。たとえば七十代で清潔感を保つことも可能なのだ。だから改めて確信をもった。大人の女が若く見える絶対の決め手は、清潔感。これに尽きるのだと。そして一生涯、清潔感を保つことだって可能なのだと。

「気品×知性」という掛け算によって、大人の清潔感は生まれる

稲葉賀恵さんという人を、圧倒的に美しく見せているもの。〝奇跡的な清潔感〟はいったいどこから来たものなのだろう？　解き明かすのは難しそうだが、でも一方、この人の佇《たたず》まいを見ればおのずと答えは示されている。気品と知性、その掛け算……ここに尽きるのではないだろうか。

もちろん「清潔感＝美しさ」と考えてもよく、圧倒的な肌の美しさや端正な顔立ち、贅肉《ぜいにく》のない体、澄んだ声、そうしたさまざまな要素が重ね合わされた結果にほかならないが、形の美しさだけではダメ、人間の清らかさはやはり品性と知性から生まれるもの。それを思い知らされる。

今時は、プチ整形でいくらでも若く見せられることが、誰にでもわかっているからこそ、不自然な若さは「あの人ずいぶんいじっている、ずいぶんとお金をかけている」という感慨しか生まない。そこには気品とか知性といった内面的な美しさは生まれない。結果、いかに仕上がりが端正でも清潔感が宿らないからこそ、若さにはつながらないのである。

ヒッチコック映画は、男が好きな清潔感の宝庫である

ヒッチコック監督は〝プラチナブロンド・フェチ〟だったと言われるが、そもそも清潔感ある美人女優へのこだわりが半端ではなく、いちばんのお気に入りは「鳥」(一九六三年)のティッピ・ヘドレンだった。美しい肌に端正な顔立ち、コンサバなファッションまで、立ち入る隙がないほどの清潔感に、しっとりした女らしさが加わり、〝清潔な色気〟が生まれている。まさしく男好きする清潔感とはこれ。言い換えれば清潔感が退屈に見えないための色気。これが大人の清潔感には、やはり不可欠なのだ。

額の美しさに宿る清潔感ってあると思う

女性の清潔感が生まれる場所として、顔立ちには三つの決め手があると思う。

まずなんといっても口もとの端正さ。次に鼻筋が通っていること。そして三つめに挙げられるのが、額の広さ。それらをすべて兼ね備えていたのが、ティッピ・ヘドレンだったといってもいいが、特に広い額には、気品と知性が両方宿るからこそとても大切なポイントとなる。

だからむやみに額を隠さず、生え際を美しく見せること。艶めくハリも忘れずに。そんな小さな心がけが清潔感を生むと考えて。

じつはマリリン・モンローこそ清潔感の塊だった？

マリリン・モンローと清潔感……すぐには結びつかない。でもどのポートレートを見ても、その無垢《むく》な顔立ち、透き通るような白い肌は、清らかさに溢《あふ》れている。〝世紀のセックスシンボル〟という位置づけには、本人も違和感を感じていたといわれるが、もしもこの人に清潔感がなかったとしたら、亡くなって半世紀もたつのに今なお〝男たちの夢〟であり続けたりするだろうか。そもそも女に対する男性の評価は、常に清潔感が大前提となっていることを忘れてはならない。女性たちの間でもマリリン・モンローが今も存在感を見せつけるのは、清潔感と色気が見事に調和した人だったからではないか。

大人の清潔感とは何か？　マリリン・モンローを見ているとわかる。モンロー・ウォークをしても、スカートがめくれ上がっても、わざとらしいシナをつくっても、美しさが壊れない、それが清潔感なのである。清潔感がある女は、何をしても、何を着ても、美しさが消えないのだ。

赤い口紅を塗っても清潔感が生き続ける女になりたい

マリリン・モンローといえば、赤い口紅。〝真っ赤な唇で笑う有名なポートレート〟をコピーする映像が多く出回ってきたが、正直言ってコピーのほうは赤い口紅があまり清潔に見えないのに、今また本人のポートレートを見ると、真っ赤な口紅でも隅々にまで清潔感が宿っている。

同様に、真っ赤な口紅をつけてもなお清潔なのが、スカーレット・ヨハンソン。赤い口紅を塗って、なお清潔であるかどうか、それはその人の清潔感の有無を図る絶対のバロメーターになるのだ。だから時々試してみてほしい。あなたは赤を塗ってもなお、清潔だろうか？　少なくとも、赤を塗るときは、落度のない白い肌、隙はないけれどシンプルなメイク、乱れのない髪、これらが不可欠なのである。

淡い水色とネイビーと白……
大人の清潔感は色使いだけでもつくれる

清潔感を生み出すこと、あなたは難しく考えすぎ。生まれつき清潔感をもった色の服を着るだけで、一定の清潔感を生み出すことができるのだから。たとえば淡い水色やネイビー、白といった、爽やかで清純な色たちは、ほかの色を混ぜずにシンプルに着こなせば、それだけで清潔なイメージを醸し出し、存在ごと清潔に見せてくれる。だから歳を重ねるほどに、服の色で清潔感をつくっていきたい。そしてあとは背すじを伸ばして、口角を心持ち上げて。清潔感づくりなんて、いとも簡単なのである。

Lesson 4

「見られている」という“うぬぼれ”

音楽学校出身の歌手として別格の存在感を誇った
淡谷のり子さんのシャンソンのレコードジャケット。
つけまつげは糸とノリを使って自分で作ったという

どんなに老いてもなお、女として人目を意識すること

昭和を代表する歌手に、淡谷《あわや》のり子《こ》さんという人がいる。音楽学校で声楽を勉強し、オペラ歌手でもあった人は、ソプラノの声をアルトの発声に変えて、「ブルースの女王」と言われるような活躍を見せたという。衣装はいつも、イブニングドレス。舞台化粧を思わせる独特のフルメイク。太いアイライン、日本で初めてつけまつげをつけた人としても有名だ。気持ちはいつもオペラ歌手だったのだろう。ちなみにそのつけまつげは自らの手作り。物のない時代にも、最大限自分を美しく見せることに、わずかも妥協しなかった人なのだ。

だから年齢を重ねても、常に観衆に見られているという強い自意識をもち続け、高齢となり、車椅子になってからも、近所に買い物に出かけるときにすら、ゴージャスな毛皮を着ていたという。自分は常に見られているのだからと。いや、人から見られているという意識をもたなくなったら、女性はおしまいという美学を生きていたともいわれる。

人目を意識する……それは紛れもなく、人が美しくなるための第一歩。誰も自分を見ていないと思ったら、美しくなる意欲も生まれない。誰かに見られているという〝うぬぼれ〟こそが、人を美しくするといってもいい。そういう意識をずっと持ち続けることが、すなわちアンチエイジング。年齢とともに、街で視線を浴びなくなったことに気づくショックは、女にとっては運命の分かれ道。そこで諦めずに人から見られる努力をすること、なのである。

「鏡よ鏡、この世でいちばん美しいのは誰？」という鏡の見方は正しい

「鏡よ鏡、この世でいちばん美しいのは誰？」「それは、あなたです」

じつはこれが、美しくなるエネルギーを生んでいる。毎日の鏡との対話。これは女にとってきわめて重要。鏡に向かって私はキレイ？　そう問いかけるだけでよい。問いかければ必ず戻ってくる「あなたはキレイ」。そのやりとりが習慣になっている人が美しい。

鏡には〝見るだけで顔が持ち上がるリフトアップ効果〟が備わっている

でもなぜ、鏡に「私はキレイ？」と問いかけるだけでいいの？　それはひとえに、鏡にはとても不思議なリフトアップ効果が備わっているからなのだ。どういうことかといえば、たとえばの話、修道院のような施設にはその昔、鏡がなかったといわれるが、修道女になった人は鏡を見ずに暮らすから、三カ月もすると顔立ちが変わっていくのだとか。

それも人は鏡を見るたびに、自分の顔を自分の顔として無意識に確認しているという証し。昨日よりも肌がたるんでいないかとか、顔が疲れていないかとか、顔立ちが衰えていないだろうかとか、人は無意識にチェックしている。それがおのずと、リフトアップにつながるのだろう。ただひたすら見るという視覚には、そこまでの力があるということなのである。

だから鏡は必ず一日数回見なくてはダメ。数日見ないと、もう肌が少し緩んでいる気がするくらい。昨日より衰えていないか？　を確認するだけでもいい。それが毎日のアンチエイジングなのだと信じて。

女は、鏡を最低四枚は持っていること。
自分がキレイに見えない鏡も必ず一枚！

人は悲しいかな、鏡でしか自分を見られない。だから、いつの間にか〝いちばんキレイな自分〟を映し出してくれる鏡ばかり見ていたりする。でもそれでは、自分が世間にどう見られているかを知らないまま。せめても、いろんな鏡を使って自分を映し出してほしいのだ。

まず美容には、遠近両方で自分を確認する手鏡と、バストアップまでが映る鏡の両方が必要だし、全身の装いを確認するためには全身を映す鏡が、着替えをする部屋に一枚と、玄関にもう一枚必要。靴を履いてからの自分を見るために。そして、光が悪かったりして自分が逆にキレイに見えない環境にも、一枚持っておくべき。〝うぬぼれ鏡〟ばかりを持っていても人はキレイになれない。わざわざブスに映る鏡を持って、それでようやく、人から見られている自分を再現できるはずなのだから。

三十%の派手が、正しい〝うぬぼれ〟の鍵

人から見られていると思うことが、美しさの鍵。そう言ったけれど、やみくもに目立とうとするのは、かえって逆効果。とても派手な装いは、不思議なことにむしろあまり目立たない。ハッキリ言って服が悪目立ちするばかりで、その人の存在自体はあまり目立たないのだ。

〝派手さ〟は確かに、人目を引く引力はもっている。けれど、装いには一瞬の煌めきのような派手さだけで十分。濃度いっぱいの派手さはまったく無意味。三十%を超えてはいけないのだ。センスより、派手さが目立ったら失敗。本当に逆効果になる。

視線を集めるツボは、大宅映子さんのような〝大きなスカーフあしらい〟

いつもハッとさせられるのが、評論家の大宅映子《おおやえいこ》さんの装い。派手ではないのに、見事に目を惹《ひ》く。まさに最初の一瞬だけ派手さが煌めくのだ。その鍵こそスカーフあしらい。

こんなに大胆に、しかもさりげなく大きなスカーフを纏《まと》える人ってほかにいない。スカーフを主役にするぶんだけ服をシンプルにし、またスカーフの巻き方が華やかなぶんだけ、ちょっとマニッシュな印象にするという抑制も効いている。グレイッシュなショートヘアも、粋で知的な仕上がりの大切な要素。本当に見事。それも、スカーフには人目を上手に惹く三十%の派手がもともと備わっていて、上手にあしらうほどにそれが効果的に作用するから。スカーフ使いで視線を集め、ちゃんと存在感を残していくお手本が、この人なのだ。

Lesson 5

髪を切るか
切らないか

© Kayoko Asai

ショートヘアほど、個性的な演出ができる長さはないこと、
我妻マリさんのショートヘアはドラマティックに物語る。
この前髪も洗練の極み

歳を重ねたら、髪を切るのも切らないのも、〝攻め〟じゃなきゃいけない

スタイリングが面倒くさいから。なんだかまとまらないから。えーい、と髪を短くしてしまう。逆に、ショートヘアだとしょっちゅう美容室に行かなきゃならないから。うまくスタイリングができないから。結果として、ズルズルと髪を長くしている……どちらも、はっきり、NGだ。大人になったら、髪を切るのも伸ばすのも、やむを得ずとか、なりゆきでとか、結果としてそうなったとか、そういう消極的な理由であってはいけない。あくまでも、あくまでも、〝攻めのオシャレ〟をするための選択でなくてはいけないのだ。

言い換えるならば、髪を切っても切らなくても、人に褒められるような髪型でいるべきなのだ。思いきって髪を切ったときは、「その髪型、素敵。どこでやってもらったの？」と聞かれるべきだし、髪を伸ばしているなら伸ばしているで「いつも素敵な髪型ね、どうやってスタイリングしているの？」と聞かれるべき。それが攻めている証しだから。

そう、たとえば我妻《あづま》マリさん。短く切りそろえた前髪はとても個性的。しかもこれが恐ろしくよく似合うから、きっと会う人会う人、みなこの人を褒めるはず。大人は、そこまで人を惹きつけ、感心させる髪型で生きていく心意気が必要なのだ。

なぜならば、人は歳を重ねるほど、髪の印象がどんどん大きくなっていき、肌以上に髪。髪型が顔になっていく。だからなによりもまず髪型。オシャレの最上位に置くべきなのだ。

髪を切ったことで、損をしない鍵は、やっぱりモード感

女にとって髪を切るのは、まさに清水の舞台から飛び降りる心境。なんというか、そこで女が終わってしまいそうな不安と、改めて自分をやり直せそうな期待感が入り交じる。周囲の評判が何よりいちばん気になるのが、髪を切ったときなのである。

そこでみんなに褒めてもらえる決め手は、やっぱりモード感。切ったぶんだけ髪の絶対量が少なくなるわけで、単純に老けて見えたり、寂しく見えたり、欠点が強調されたりといったリスクもなくはない。そうしたネガティブを吹き飛ばすのが、モード感のもつインパクトとフレッシュ感。間違いなくあか抜けて見えるし、若くも見えるはずなのだ。

ちなみにロングヘアでモードを攻めるのは、意外にも難しい。ショートならばかなり思いきった表現ができるはずで、ショートを選んだらともかくモード

っぽく。あくまで海外のファッション誌で見かけるような粋なショートヘアをお手本にして。

シャーロット・ランプリングは、人生で何度もショートヘアで注目された

知っていただろうか。シャーロット・ランプリングという女優が、初めて注目されたのは、「愛の嵐」（一九七四年）という七〇年代の映画。第二次世界大戦中、強制収容所で生き延びるためにナチスの高官の性の奴隷となった少女が、戦後にナチスの残党としてひっそり暮らすその高官と再会、再び倒錯した愛に堕《お》ちていくという問題作。

その中で見せた、刈り上げられたような悲しくも美しいショートカットは衝撃だったが、途中目立った活躍がなかったのに、二〇〇三年、フランソワ・オゾン監督の「スイミング・プール」で復帰。じつは四十代、鬱で悩んでいたという噂《うわさ》もあるが、それを断ち切るようなクールなショートヘアの潔さがきわめ

て印象的だった。そしてまたしばらく沈黙の時期があったのに、七十代に入ってからの活躍ががぜん目覚ましく、ほかの女優には見られぬ〝年齢を感じさせない現役感〟を見せつけた。印象的だったのが、やっぱりまたまたショートヘア。七十代なりの大人ショートがじつにかっこいい。節目節目で個性的なショートヘアを見せてきたわけで、女優としての攻めと、攻めのショートヘアがリンクして、この人の存在感をどこまでも際立たせている。髪型が女にとっていかに大事か、教えてくれた人。

髪型に悩んでいるのなら、黒縁のメガネをかけてしまう

髪型が決まらない日は、それだけで何だかモヤモヤしてしまう。まるでスカートのホックが留まらないまま出かけていくような中途半端な思いがよぎるが、今日一日乗りきれればと、自分をごまかして出かけていく人がほとんどなのだろう。

歳を重ねてからは、まぁいいかと、やりすごしてしまってはダメ。大人は、髪型が決まっていないと、残念ながらそれだけで疲れて見える。老けても見える。そこで提案、そういう日は黒縁のメガネをかけて出かける。それ自体がモードであるメガネに視線が集まるうえに、バランスが変わり、印象もがらりと変わる。髪の乱れさえもが粋に見えたりするほど。

サングラスにも同じような効果があるけれど、黒縁のメガネにはモード感とともに知性が宿るから、とても高度なオシャレ。グレーヘアにも、ショートにもロングにも、ボブにもアップにも、すべてに映える。すでに七十代も後半に入るダイアン・キートンがこの年齢ではきわめて難しいはずのボブヘアを奇跡的に成功させているのも、黒縁のメガネのマジックなのだ。

ショートヘアのステータスを上げたのが、イネスというモデル

八年間シャネルの顔となってきた貴族出身のモデル、イネスをご存じだろう

か。何の気負いもないシンプルなショートヘアが、逆に大きなインパクトを放ったもの。なぜなら彼女は、どんなにゴージャスなイブニングドレスもカジュアルにも見えるショートヘアで着こなし、ショートヘアのステータスそのものを一気に高めた人なのだ。その後、自身のブランドを立ち上げたり、自らのライフスタイルを紹介したり、今も変わらぬ洗練美を見せつけるが、同時にショートヘアの魅力を伝え続ける人でもある。ショートは万能と教えてくれたのだ。

髪を切っても伸ばしても、必ずトップにボリュームを！

ショートヘアの魅力を伝えるイネスの〝今〟を見てもわかるように、ショートでは歳をとるほどトップのボリュームが不可欠になる。それも、年齢とともに肌や顔立ちが緩んでいく、その下向きのベクトルに対して、上向きのベクトルをつくるため。トップがぺしゃんこだと、そのぶんだけ肌のたるみが目立ち、顔立ちも下がって見えるのだ。これはロングでも同じ。いやロングヘアほど、下にボリュームがあるだけに、より明快な上向きベクトルを持ってこないといけない。髪を切らない人ほど意識して、トップにボリュームをつくること。

Lesson 6

年齢はむしろ後ろ姿に出る

© Getty Images

背中が美しい人は、どこかエロティック。
時にセミヌードに匹敵するような、イマジネーションをかき立てる
バックシャンなドレスが今ますます注目を浴びつつある

人は一生自分の後ろ姿を見られない。だから姿見を二枚買う

「自分自身を見ることができないのは、世界中で自分だけ」。そんな格言がある。なるほど、言われてみればそのとおり。自分の姿をじかに見られないのは世界にたった一人、自分だけ、そういう決定的な現実を突きつけることで、内面的にも〝自分をいちばん知らないのは自分自身〟、人は自分を客観的に見られないという宿命を指摘しているのだ。

たとえば、ブティックのフィッティングルームで服を試着したとき、普段は見ることのない自分の後ろ姿が映し出されて、ハッとすることがある。日頃い

かに自分の後ろ姿を知らずに生きているか、そこで改めて思い知らされるからなのだ。

ちなみにフィッティングルームには、大きな鏡が三面についていたりするから、完全に真後ろが映る仕組み。本来ならば家にも欲しい。二枚でいいから姿見が家に欲しい。〝合わせ鏡〟の要領で、自分を三百六十度くまなく見てほしいのだ。

人は鏡がなければ、一生後ろ姿を見られない、どういう後ろ姿で生きているのか自覚がない。だからこそ、後ろ姿はもっともリアルに年齢を語ってしまうと言われるのだ。

さあ、あなたはどんな後ろ姿で生きているのだろう。それを知らずに生きるのは、オシャレにおいてもアンチエイジングにおいても、あまりに無防備。今すぐ始めたい、背中の自覚。後ろ姿の美容。

背中は、穴があくほど見つめられている

人は他人を、面と向かって真正面からじっと見つめることはできない。でもその代わり、真後ろからなら、穴があくほどまじまじ見つめることもいとわない。視線を浴びるうえで、見られている場所の八十％は後ろ姿だと考えたほうがいいくらい。

しかも、後ろ姿ほど非常に近い距離から見られていると考えるべき。電車の中に、エレベーター、エスカレーター、横断歩道で青信号待ちのときなども、近距離から後ろ姿を見られているということ、忘れてはいけない。

でもそうやってまじまじ見られているパーツほど、死角がいっぱい。というより、すべてが死角。しかも後ろ姿には、年齢を露骨に語ってしまうパーツがたくさんある。そのポイントだけでも、早急に押さえておきたいのだ。

年齢を語ってしまう、背中における四つのポイント

まず、なんといってもヒップ。パンツのときはもちろん、ニットのワンピースやスカートのとき、お尻の形がはっきりと見えてしまっていること、本人は気づいていない。斜めから見ても決して認識できないヒップの形。これはもう、自分の目で見てもらうしかない。二枚の鏡を使うしかないのである。そして背中。背中の丸さ、姿勢の悪さはもちろんのこと、背中についた贅肉もまた、後ろから見ると本当に人を老けて見せてしまう。また背中の皮膚もくすむし、小ジワもできる。それらも含めて、後ろ姿ほど至近距離から見られていることも忘れないでほしい。

そして髪。正面から他人の頭皮までのぞくことはないけれど、たとえば電車の中やエレベーターの中では、人の頭が目の前にあったら否応《いやおう》なしに見てしまう。白髪に薄毛、自分の鏡には映らない後頭部は大丈夫？　アップにしたとき

のうなじの白髪も気をつけて。

最後にもうひとつ、かかと。エスカレーターや階段でサンダルを履いたときのかかとが、結構見られているという事実があるのだ。スネはキレイでも、使い古したようなカチカチの四角いかかとを見られたらどうだろう。かかとなら自分でチェックできる。まずはここから始めたい。

バックシャンなオシャレは、それだけで艶めかしい

バックシャンとは、後ろ姿が美しく魅力的なこと。転じて、〝正面から見たらがっかりする〟という、ちょっとシニカルな意味合いも含まれているとも言われるけれど、最近は、正面から見るととてもシンプルなのに、背中は大きく露出していたり、リボンなどのモチーフのすべてが背中にある服をバックシャンなスタイルと呼ぶ。

そういうファッションがトレンドになっているのも、背中にポイントがある

服や背中が見える服には、独特な艶めかしさがあるから。そういえば私たち女性も、男性の広く分厚い背中にこそ男らしさを見いだしたりするもの。同様の意味で、ほどよくきゃしゃで、肩甲骨が際立っているハリのある女の背中は、男性の目にはとてもエレガントに映り、さらには色気までが漂うという。男の背中にも、女の背中にも、意外だけれども性的アピールが宿るのだ。加えて、バックシャンなスタイルには恥じらいが宿るからこそ、きゃしゃにも見えることに気づいてほしい。

背中をよく磨いたら、むしろ背中にポイントがあるバックシャンなオシャレを始めてみたい。背中にまで意識を広げるきっかけをつくるためにも。

見返り美人は、それだけで美人。だからポーズを真似てみる

〝見返り美人〟といえば、誰もが浮世絵の美人画を思い出す。十七世紀、元禄《げんろく》文化の幕開けとともに活躍した浮世絵師、菱川師宣《ひしかわもろのぶ》の作品中、もっとも有名な

のが、一人立ち美人図である。黄土色の背景の中で、桜と菊の花模様のある着物を着て、長い髪を垂らした女性が、歩みの途中でふと足を止めて振り返る、佇まいの美しさが印象的な姿は、まさしく〝見返り美人〟という言葉をひとり歩きさせて、自らその象徴ともなっている。

でもなぜ「見返り美人」が、これほどまでに愛され、現代においてもなお、ひとつの美人像として、生き生きと生き続けるのだろう。最も有名な菱川師宣の作品は、当時の最先端の装いを美しく伝える、ある種のファッション写真だったともいわれ、だからこれこそ女性がもっと美しく見えるポージングだったという説もある。ましてやそれは、恥じらいと色気を同時に感じさせるポーズでもあったからこそ、美人図として今なお鑑賞され続けているのだろう。ちょっとこのポーズを覚えておいて、駅のホームなどでやってみては？

女の後ろ姿はそれだけで美しい。だから立ち姿を意識するだけの美容、日々心がけてみてほしいのだ。

Lesson 7

人とやたらに目が合うアイメイク

ブリジット・バルドーは今なお女のお手本。
「軽蔑」(1963年)のときのリキッドアイライナーと、
「素直な悪女」(1956年)のときの囲み目アイライナーでは別人のよう

太いアイライナー一本で、色気は返ってくる

まずは見てほしい。ブリジット・バルドーの、キュートでセクシーで、しかもゴージャスな顔。でもそのままお手本にするのはちょっとヘビーと、きっと尻込みするはずだ。これは昔のメイクでしょ？　と。でもその前に、もう一度考えたい。何のためのメイクなの？

一九六〇年代は、女性がいちばん美しかった時代と言われる。きっと現代の女性よりも……。なぜならば、女はどうしたらいちばん美しく見えるのか？　その答えを求めて求めて割り出し、それを素直にストレートに、すべてフルで

形にしていたからにほかならない。

そういう意味で、六〇年代メイクの主役となっていたのが、太いアイライナーと分厚いつけまつげ。今見ると、大げさに見えるのかもしれない。でも実際、それがどんなにこの人を美しく見せているかわからない。少なくともこの目と目が合ったら絶対にそらせない。だからこそ、人とやたらに目が合ってしまうアイメイクといってもいいはずなのだ。

幸い、上まぶたのアイライナーは、いくら太くても不思議に見えない。下のラインはいたずらに太くすると、清潔感が失われるリスクがあるが、上のラインは大丈夫。思いきって太く描いても失敗がない。それも、アイライナーはまつげの生え際を示す線にほかならず、もともとあるものの強調にすぎないから。どうか思いきって太く描いてみて。目が合ったら誰も抗えない、ブリジット・バルドーのとてつもなく魅惑的なまなざしをお手本にして。

アイメイクは、リフトアップである

アイライナーはメイクであってメイクじゃない。むしろ年齢とともに下向きになっていく顔立ちに、上向きのベクトルを与える線。アイラインを引くと引かないでは、顔立ちの引き締まり感がまるで違うこと、気づいてほしいのだ。少なくとも大人のメイクは、単に目鼻立ちをくっきりはっきり見せるためのものではない。顔の上に見えない矢印をつくる作業。メイクというよりリフトアップだと考えてみてほしい。そう考えると、自分に必要なメイクがはっきりと見えてくるはずだから。

歳を重ねるほどに、アイライナーを太くしなさい

あなたは日常的にアイラインを引いているだろうか？　ずばり七割の人は、

そのラインがあまり意味をなしていない。引いていないのも同じ。答えは簡単、ラインが見えていないからである。あらゆるメイクは、何も見えなければメイクではない。特にアイラインは見えないのに引いたつもりになりやすい。細すぎたり、奥二重の中に入り込んでしまったり、結果として人から見えていなければ、アイライン効果はないと考えて。

まずは、目を開けたときにラインがちゃんと見えること、それを最低限の約束として、アイラインを引き直してみてほしい。ましてやリフトアップ効果を狙うなら、なおさら太く。年齢を重ねるほどに、太く。ただし、この場合もリフトアップ効果があるのは上のラインだけと考えて。上にボリュームをもたせることで、やはり上向きのベクトルが生まれるという計算なのだ。

アイメイクのお手本は、レンピッカの絵の女

タマラ・ド・レンピッカ。アールデコの肖像画家である。女性を描いた作品

のほとんどは、自分自身だったのではないかというような作風、本人も際立った美貌で注目を浴びた人である。

とりわけ、作品において描く目もとが本人の目もとそっくり。だからこそレンピッカの女性画は、メイクが何をすべきか、何をどこにどう塗るべきかをそっくり教えてくれるのだ。まぶたに立体感をつくるときのヒントに、レンピッカの絵を見てほしい。洗練された影のつくり方を、これほど明快に教えてくれる例はないはずだから。

いっそ、つけまつげに挑んでほしい。
六〇年代の女優たちのように

ブリジット・バルドーはもちろん、オードリー・ヘプバーンにジェーン・フォンダと、五〇年代、六〇年代はフランス女優もハリウッド女優も、みんな当然のようにつけまつげをつけていた。ずばり、これほど女を美しく輝かせてくれるアイテムはないからなのだ。

ある研究では、長く濃い、できるだけ濃い上まつげが傘のように目を覆うと、瞳に光が集まること、その光こそがその人自身を輝かせることが解明された。マスカラは単にまつげを強く見せるだけではない、まさにそんな存在のオーラの決め手となっていたのだ。

太いアイラインも、じつは濃く長いまつげの生え際の再現にほかならないから、太いアイラインとつけまつげはセットで使うと、むしろお互いを相殺しあうからこそ、より自然になじむ。だから大丈夫。まつげも本来が顔にあるもの。その強調ならば不自然にならないと考えて。

むしろアイブロウパウダーでまぶたメイクするススメ

アイラインやマスカラも、大人にとっては美人の肝。そう考えていくと、大人のメイクほど無駄な色や質感は必要ない。化粧しましたという印象より、メイクしてないようにさりげないのに、見違えるように若々しく見えること、それが大人メイクの目的なのだから。

アイメイクはそっくりアンチエイジングだと考えるなら、パールの輝きなども、基本的には必要ない。だからたとえば、最近よく見かける眉づくり用アイブロウパウダー濃淡三色といったパレットをそのままアイシャドウに置き換えて使ってみてはどうだろう。

それも、パールはゼロ、完全マット、色みも肌に溶け込むブラウンの濃淡のみ。そのシンプルでありながら厳密な色設計が、まぶたに完璧な影をつくってくれるからこそ、無駄のないエイジングケア効果を生み出してくれると考えて。

太い眉は、人を生き生き若々しく見せる

じゃあ眉はどうしよう。もちろん今は、バランスのいいナチュラルな眉の時代。でもここは眉でもアンチエイジングを想定した表現を試してみてほしいのだ。

たとえばエリザベス・テイラーのように、意識して太い眉をつくってみる。すると不思議。なんだか生き生きした生命感の煌めきが沸き上がってきて、見るからに若々しい印象に見えるのだ。太めのふさふさした眉は、フレッシュで清らかな生命感の象徴なのである。

まずはそのメカニズムを信じて、思いきって太めに。太くするコツは、眉下に眉毛を描き足して。一度試してみたらわかるはず。それが若さの鍵であることが。

Lesson 8

声美人が一生美人

美人は声も美しい……この命題を体現する人、
薬師丸ひろ子さんは声の美しさもさることながら、
一つひとつの言葉を丁寧に紡ぐ、真の声美人

ある調査が伝えた、声美人は、ほんとに美人！

　声の美しさと、見た目の美しさ。そこにはどんな関係があるのだろう。いやそもそも、そこに関連はあるのか？　かつて某化粧品メーカーが、その調査を独自に行っている。女性を数十人集め、姿が見えないところで話をしてもらい、声の美しさを評価。あとから見た目の美しさを評価して、その関係性を解析したというもの。正直言って、今の時代なら、人権的にだいぶ問題がありそうな調査方法。昭和の時代だからできたのかもしれないが、そこには大変興味深い結果が導き出された。声が美しい人ほど外見も美しい……。声の美しさに対してつけられた順位は、見た目の美しさの順位と驚くほど一致していたというのである。

ただ、〝声が美しい人は姿も美しい〟と、私たちもすでに気づいている。美しい声の持ち主ほど発声も丁寧で、だから余計美しく聞こえること、また美しい容姿と相まって、その人全体を美しく支配し、きわめて完成度の高い印象美をつくっているということにも……。たとえば、薬師丸《やくしまる》ひろ子《こ》さん。なんとも穏やかに、なんとも丁寧に言葉を紡ぎ出す人で、「食彩の王国」という番組におけるナレーションは、ひとつの癒やしとして確立しているほど。こんなふうに、時間がゆっくりと流れていくような話し方ができる人はほかにいない。声の美しさは少女の頃から変わっていないが、人をうっとりさせる話し方の美しさは、年齢を超えた美人の絶対条件として、大人の女性が見習わなければいけないもの。絶対見習いたい。

話さなければ美人なのにねと言われる人は、恐ろしくもったいない

「話さなければ美人なのにね」と言われる人は、「美人なのにね」という響きだけで、まんざらではなかったりするのだろう。でも、実際には人生レベルで大きな損をしていることに気づかなければいけない。〝話さなければ美人〟は、美人ではない。年齢を重ねるほどに、声や話し方が美人でなければ、決して美人に見えない。大人の美は、あくまでも気品と知性に裏打ちされたものでなければいけないからだ。

形ばかりではない、耳から入るものも美人の要素として大変重要。ちょっとキレイに話そうという〝小さな心がけ〟だけで簡単にクリアできてしまうのに、恐ろしくもったいない。

声そのものよりも発声の仕方、そして言葉の紡ぎ方で、美人はつくられる？

そして次に、声がいわゆる美声でなくても、話し方でいくらでも〝美人に聞こえる術〟はあるという話をしたい。いかなる美声でも、乱暴に早口に言葉を発したら、美人印象はまず生まれない。大事なのは、声ではなくやはり発声なのだ。ともかくゆっくりと、一つひとつの言葉を丁寧に丁寧に、相手にそっと手渡すように話すだけで、なんとも穏やかで上品な印象が生まれる。

かといって、小声でもそもそ話すのはNG。あくまでも一つひとつの言葉はクリアに、でもやわらかく。澄んだ声で話そうと心がけるだけで、ちゃんと澄んで聞こえるから不思議。声は本当に小さな心がけひとつなのだ。

歌を歌うのは、完璧なアンチエイジングである

現代最高のオペラ歌手とされるアンナ・ネトレプコは、実力のみならず、美貌で注目され、近年はだいぶふくよかになってしまったものの、もうしばらくはこの人の時代が続くともいわれている。それも、〝美声＝美人〟の法則は成り立っても、半端ではない声量をもつ美人はきわめて珍しいからなのだ。

しかももう五十代になろうというのに、まだ十分若いヒロインもこなせる若さを誇っている。基本的にオペラ歌手は年齢より若く見えるのだ。というより心身ともに若い。歌うこと自体がアンチエイジングそのものだからである。

深い腹式呼吸。大きな声を出す行為。三時間も四時間も歌い続ける体力の維持。歳をとりようがない。太ってしまう体質だけを気をつければ、あと平気で十年は、この人の時代が続くのだろう。歌うエイジングケアは何物にも勝るのだ。

〝おじさんの声〟にならないアンチエイジング

女性は更年期以降、やっぱり声が変わる。単純に女性ホルモンの低下によるもの。これに声帯の筋肉の老化なども加わって、声がしわがれ、おばさんどころか、おじさんの声になってしまいがち。声のアンチエイジングもそろそろ始めなくては。

はっきりいって、印象年齢からいったら肌のエイジングより、声のおじさん化のほうがよほど問題。第一印象における肌と声の印象力を比べると、声のほうが強烈。若い頃に出していた澄んだ声をキープするほうが先決なのだ。

そこで提案。身近にあるものを使って声帯を鍛え、高い声を取り戻す方法があるのだ。たとえば、ストローを使って声を出す。割り箸を横にくわえて声を出す。このとき、できるだけ長く声を出すこと、次に高い声と低い声、いろんな音程を出してみる。あくまで、おなかから声を出すことも忘れないで。

今年、なんと九十九歳になる瀬戸内寂聴《せとうちじゃくちょう》さんの声は、今なお鈴を転がすよう。絶やさぬ笑顔や滑舌のよさ、そして何より話の面白さはもちろんだけれど、多くの人に力を与えるエネルギーの源になっているのは、やはりこの澄みきった美しい声ではないかと思う。声は大切。声の若返り、今日から始めてほしい。

二十世紀最高のオペラ歌手、マリア・カラスは、なぜ声を失ったか？

オペラに詳しくない人も、この人の名前はきっと知っているはず。マリア・カラス。二十世紀最高のオペラ歌手、でもその全盛期は、十年ちょっとしか続かなかった。三十代後半から、早くも声が不安定となっていく。声を潰しかねない難曲を〝持ち歌〟としたことが原因との説もあるが、若い頃の過食症から太りやすい体質となって、サナダムシ・ダイエットをしていたという噂もある。

しかし早々と声を潰す間接的な原因となったのは、海運王オナシスとの出会いだったかもしれない。世界一の大富豪との贅沢な生活。結婚を望んだ自分を裏切り、オナシスがアメリカ元大統領夫人ジャクリーン・ケネディと結婚してしまったこと。それでも彼を心から愛し続け、交際を続けたこと。まさにけなげな女心が、歌手生命を奪ったといえなくもない。

過度のストレスで声が出なくなる……皮肉にも、声を操る世紀の天才がそれを証明してしまったのである。

Lesson

9

キレイより、
若いより、
「素敵」と言われたい

© magicinfoto/ Shutterstock.com

ハリウッドにケイト・ブランシェットあり！
美しさと知性、感性、そして人間性……すべてに優れているからこそ
素敵の代名詞とされるのだ。若さにしがみつかない人でもある

もうひとつの年齢不詳、いつも素敵と言われる人は、年齢を聞かれない

女は女同士、何かしら、言いたい。同じ女として、ひとこと感想を漏らしたい。面と向かって言うこともあれば、その人を遠巻きにしながら、こっそり言うこともある。そういうときに、世間の女性たちからいったい何を言われるのか？　それは、決して侮ってはいけない〝その人の絶対評価〟。であるならば、あなたは何と言われたいだろうか。

「おキレイですね」「お若く見えますね」

そう言われたいのは、女として当たり前。当たり前だけれど、もっと重要な

言葉がある。「素敵ですね」。素敵は、キレイよりも、若いよりも、もっと奥行きのある総合的な褒め言葉。もっと上の次元にある言葉と言ってもいい。なぜなら仮に、上品じゃなかったり、知的じゃなかったりしたら、「キレイ」とは言われても、「素敵ですね」とは絶対に言われないから。

たとえば、ケイト・ブランシェット。この人は、キレイというより、若く見えるというより、やっぱり「素敵」。なんといっても「素敵」。だから、不思議だけれど、「この人はいくつだろう」などとは思わない。年齢なんかどうでもいい、こういう素敵な人になりたいと、ただひたすらそれだけを思う。それは、もうひとつの年齢不詳なのだろう。だからこの人は、陰でも「あの人素敵」と言われるばかりで「彼女、いくつだろ?」なんて噂されないのである。

「素敵ですね」に関しては、女たちも妙に正直である

ひょっとしたら、そうは思っていないのに、女同士「おキレイですね」とか、

「お若く見えますね」とか、つい言ってしまうことってあるはずだ。隅から隅まで美しく着飾っている人には、その心意気に対し、おキレイですねと拍手することもあるし、ある意味一生懸命若づくりしていて、それがそれほど違和感がなかったとき、やっぱり努力をねぎらって、若く見えますねと言ってあげることはあるものなのだ。

でも、不思議に「素敵ですね」ばかりは、本当に心からそう思っていないと、なかなか口をついて出てこない。素敵という評価に関して、女は妙に正直なのである。そのくらい褒め言葉として尊い言葉、だからなおさら素敵と言われたい。

陰でこっそり噂されるのも、素敵だけはプラスの評価

たとえば、実際は六十代なのに、不自然なほど若く四十代にしか見えない女性は、面と向かって「お若いですね」とは意外なことにあまり言われない。陰

でこっそり「あの人あれで六十代?」「すごくない?」「ちょっとやりすぎ?」なんて、辛口の噂話を呼ぶばかり。キレイという評価に関しては、面と向かっても、陰でこっそりも、「彼女は本当にキレイ」「見事にキレイ」なんて口々に褒めたりはしない。

でも、素敵だけは、陰でもみんな口々に「彼女は素敵ね」「本当に素敵」「あなりたい」などというふうに、わずかも意地悪な気持ちを含めずに、まっすぐに評価する。普段はネガティブな噂話ばかりしているグループでさえも。それだけ、素敵な人に対しては、女たちも別格の評価をするという証し。本当に素敵な人に出会うと、みんなちょっと興奮し、感動するからこそ、なのである。

素敵の代名詞、ローレン・バコールは、
十九歳ですでに「素敵」と言われた

キレイというより、やっぱり素敵、そう言いたい女優のひとりに、二十世紀のハリウッドを代表する女優ローレン・バコールがいる。ちょっと顎を引いて、下から鋭く見つめるようなクールなまなざしがこの人の真骨頂。そして、持ち前の洗練されたイメージと知性、年齢を超えた落ち着きから、この人は十九歳でハンフリー・ボガートの相手役として抜擢《ばってき》され、二十五歳年上のこの大スターとたちまち恋に落ち、結婚する。素敵は年齢を問わない。十九歳でも「素敵」の評価をほしいままにした人なのである。そして八十五歳でアカデミー賞の名誉賞に輝くが、受賞スピーチでは拳を上げて「イエイ」。なおも素敵であり続けていた。

素敵な人を褒めるうちに、素敵が伝染する

素敵ってそもそも何かというならば、品があって、知性があって、センスがあって、そして人としての愛情やらやさしさやら、そうしたものまでが奥行きとして備わっていて、またそれがそっくり外見ににまでにじみ出ていること。

だからこそ、人を「素敵」と褒められる人も、また素敵。そこまでの定義を

意識の中でちゃんと理解していないと、その言葉がとっさには出てこないはずだから。素敵な人を「素敵」と素直に評価できること、それ自体が、知性であり、人としての奥行きだからである。

言い換えれば、素敵な人を褒めるうち、自分自身にも素敵がどんどん憑依《ひょうい》してくる。この人が素敵、あの人が素敵、と思っているうちに、さまざまな素敵がどんどん自分のものになっていく。だから探そう、今日も素敵な人を。

二人のヘプバーン、二つの素敵

二十世紀のハリウッド女優には、素敵な人が本当にたくさんいたけれど、二人のヘプバーンの素敵はまた群を抜いている。ハリウッドでは、ヘプバーンというとむしろキャサリン・ヘプバーン、四回のアカデミー賞主演女優賞を獲得したその記録はいまだに破られていない。

ところが、その授賞式にはなんと一度も現れなかったという。でも思い入れある人へのプレゼンターとしては登場したというから、賞に批判的だったのではない。謙虚というにはあまりにもスケールの大きい〝引きの美学〟を持った人なのだ。だから余計に女優としての格を上げた。誰もが、この人を本当に素敵と思った。女がパンツ・スタイルをモードにするかっこよさを世界中に教えたのも、この人である。

そして一方、日本人が大好きすぎる人、オードリー・ヘプバーンも、やっぱり素敵のアカデミー賞のような人だった。あれだけ人気があったのに、女優然とすることなく、第一線を早々と退くと、人里離れた田舎町に家を持ち、そこでひっそりと人生の後半を過ごしている。難民の男の子を抱いた報道写真はあまりにも有名だけれど、あれは何かのアピールではない、本当にああいう人だったのだ。素敵ってそういうことではないのか。

Lesson

10

なぜもっと
メイクしないの？

20世紀、"絶世の美女"の名をほしいままにしたエヴァ・ガードナーは、
本当に魅惑の瞳をしていて誰もが引き込まれそうになったという。
際立って長い弓形の眉も印象的

メイク上手はやっぱり美人、だからメイクは濃すぎずに、力強く！

「馬子にも衣装」という概念は、服装以上にメイクにあてはまる。メイクをすれば、人はやっぱり美しくなる。メイク上手はやっぱり美人に見える。それは、永遠に変わらない事実なのだ。

もちろん、素顔の美しさを否定するつもりは毛頭ない。そして素顔が最も美しい世代にまで、メイクが必要だなんて言わない。だけれども、年齢を重ねるほどに、メイクの必要性は加速度をつけて増していく。年々くたびれた印象というものが顕著になっていくから。でもメイクは、それを覆い隠すのではなく、むしろ生き生きとした印象を吹き込む行為と考えてみてはどうだろう。だからメイクするほど人はやっぱり美しくなるという方程式を、再確認してほしいのだ。

銀幕のスターたちは、今以上にそうしたメイクの力をストレートに引き出していたと思う。ハリウッドが誇る、絶世の美女と讃《たた》えられたエヴァ・ガードナーのポートレートを見てほしい。モノクロ時代のポートレートは完璧に作り込まれた芸術作品といってもいいけれど、メイクもまたその人を最も美しく見せる完成形であったといわれる。モノがなかった時代、化粧品も品質的には粗悪なもののほうが多かったはず。それでもこの美しさ。こういう美しさを目のあたりにすると、素直にこう思える。ともかくもっと、メイクしなければって。

メイクが似合わない人はいない、
メイク映えしない人はいない

日頃あまりメイクをしない人に、「なぜしないの?」と聞いたら、「私メイクが似合わないから」という答えが返ってきた。昔の恋人に言われて以来三十年、ずっとそう思っていると。「化粧しないほうがキレイ」……きっとそう言われたのだろうけれど、男たちは、そう言ったほうが、女性が喜ぶと思いこんでいる。

確かに「君はメイクをしていたほうがいい」とは言われたくないし、「メイク映えするね」と言われるのもなんだか微妙。でも本来、化粧が似合わない人はいないし、化粧映えは必ず誰でもするもの。実際似合わなかったとしたら、それは、メイクで〝欠点を強調してる〟か、単純に厚化粧か。似合わないのではなく、メイクが間違っているのだ。だからもう一度メイクをやり直そう。メイクの試さず嫌いは、人生レベルで損である。

生命感が煌めくメイクとは、まさにこのこと！

大人世代のメイクは年齢を覆い隠すものではなく、生命感の煌めきを新たに吹き込むようなメイクであるべき……そう言ったが、たとえば誰？　というならこれは迷わず、デヴィ夫人。華やかなメイクがこれほど映える人はいないけど、決してメイクが浮いていないのも、まさに覆い隠すのではなく、まさに生命感が煌めくメイクになっているから。

明るいベースも、ローズ系の唇も、モノトーンのアイメイクも、強めなのにちゃんと顔の中になじみ、すべてがきちんとメイク効果として効いているから、華やかさがそのまま生命感に置き換わっている。しかも常にゴージャスなドレスアップを欠かさない人、服と顔のバランスがとれているからこそ顔が浮かない。フルメイクの見事な成功例である。

メイク映えの決め手は三つ、血色と肌色の明るさ、そして黒である

そこでまず、メイク映えの鍵を学んでおきたい。ずばり、メイク映え＝生命感と言ってもよく、だから決め手のひとつは紛れもなく血色。血の気こそ生命

力の証しなのだ。頬や唇に、必ず血色をイメージする色を塗ることなのである。

二つめに肌色の明るさ。明るめのファンデーションを塗ることも、だから〝お面〟にならなければもちろんオッケー。発光感こそが生命感と言っていいからだ。

そして黒。目の強調。つまりアイラインとマスカラ、グレイッシュなアイシャドウ。それらがすべて、メイク映えの決め手となり、人をキレイにするメイク効果を百％効かせている。だから強めでも、浮かないのだ。

なぜもっと、効率よくメイクをしないの？

化粧映え＝生命感＝人が美しく見えるメイク効果。その決め手は、①血色、②肌色の明るさ、③黒……ともかく、これだけは覚えておきたい。メイクが面倒になったり、メイクで戸惑いが生まれたら、このトライアングルに戻ってほしい。実際、年齢を重ねる過程で、メイクが似合わなくなったと思うような、そういうときにこそ、ここに戻ってほしいのだ。

この法則からはみ出すメイクは、表現としては面白く、個性はもたらすけれど、無駄になることも多い。だから、メイクとはすなわちこのトライアングルなのだと割り切って、三つの要素だけを顔に置いてほしい。それだけで人は必ずキレイになれる。迷うことなくこの三つ、最も効率のよいメイク法である。

アンジェリーナ・ジョリーは、まさしく知的にメイク映え

とても個性的な顔立ち。いや一説に、「彼女は美人じゃないのに、絶世の美女になれる人……」そういう言い方もあるほど。実際に美人かどうかは別として、アンジェリーナ・ジョリーは、じつに頭のよい人だ。美容においても。

だからこの人は本気でメイクをすると、百二十%化粧映えする。目をぐるりと囲む黒々としたアイラインはあくまで太め、あのぽってりした唇に真っ赤なリップを艶やかに塗る。さらにメリハリを強調するように、こめかみやTゾー

ンにはハイライトを巧みに入れている。まったく無駄のない、メイク映え要素。そして見る人を全員ハッとさせるのは、やりすぎギリギリ手前までの強いメイク。それがひとつの個性になる。しかし厚化粧に見えないのはこの人のセンス。つまり、メイク映え＋個性の強調が見事に功を奏していて、この人を絶世の美女に見せている。イブニングドレスを着るときは必ずそのメイク。ドレスは基本的に黒。だからさらに、顔が強くなる。その辺も、自分をよく知り尽くしているからこその選択なのだろう。女として、あっぱれ！

なぜもっと、キレイになろうとしないの？

もうひとつ、メイク映えしない人は、鏡の前での研究が足りない人。メイクがおざなりで、本気でキレイになろうとしていない人。どうしたらもっとキレイに見えるのか、時々は塗ったり消したり、濃く描いたり薄く描いたり、いろんなことを試行錯誤してほしい。夜、寝る前ならば大胆なこともできるはず。

自分の顔の上でのメイク研究、それが俄然《がぜん》あなたをキレイに見せること、忘れずに。

Lesson 11

攻めのモードに挑む人は年齢不詳

© Keiji Hirai

日本一、オシャレのうまい人。「聡明な女は料理がうまい」と
いわれるけれど、「聡明な女はオシャレもうまい」。
この人にはまさしくこの法則が当てはまる

毎回ため息が出る〝着る天才〟のオシャレは、見て、見て、見まくる

日本でいちばんオシャレな人……それは間違いなく、萬田久子《まんだひさこ》さんだろう。いつどこで何を着ていても、毎回毎回ため息が出る。なんて素敵、なんてオシャレ、なんてセンスがいいのだろう。ひと揃《そろ》いのブランドものを着ている様子はない。ひたすらその服選び、コーディネートが、天才的なのだ。

ファッションデザイナーは、やはり服作りの天才なのだろうけれど、〝着る天才〟はそう多くない。海外セレブには、ファッショニスタと呼ばれる人たちがいるけれど、最先端のモードを有名ブランドに提案されて着ているケースも

あって、本人のセンスかどうかは不明。そうではなく、萬田久子さんはオリジナルなオシャレの能力で、ズバ抜けた人なのだ。

ましてや年齢を重ねてもなお、攻めのオシャレをやめない、それどころか、年齢とともにますます切れ味のよい挑発的なオシャレを成功させているのは本当に頭が下がるし、尊敬に値する。ぜひこの人の存在をもっと見てほしい。オシャレは、ひたすらセンスのよい人のオシャレを見て、見て、見まくることでしか身につかないからである。特に同年代はもっと刺激されるべき。こんな服を着てもいいんだ、こんなことしちゃってもいいんだ、こんなにかっこよくてもいいんだ。そういう刺激を絶対に受けるべき。こういう人に年齢はない。すべてを超越してしまうのがオシャレなのだと、教えてくれる人なのである。

トレンドには、むしろ振り回されよう、歳をとらないために

年齢を重ねたら、トレンドに振り回されるなかれ。ずっとそう言われてきた。

でもそれ、本当だろうか。むしろ適当に振り回されていたほうが、女は若くいられるのではないか？

そもそも、トレンドは若い人のものではない。トレンド自体が年齢という概念を超えているのだ。毎シーズン、コレクションで発表される服は、たとえ十代のモデルが着ていても、六十代の人が着こなせるのなら着ればいい。それでも若づくりとは根本的に違うから、トレンドを追ってる人のほうが、絶対に若いのだ。

今さらだけれど、モードは今の時代を背負って出てきて、だから時代とともに去っていくのは、ひとつの宿命。でもそのぶん、フレッシュで生き生きした息吹をその中に含んでいる。だからトレンドを追うと若く見えるのだ。せいぜい振り回されよう！

トレンドを着るから痩せる、痩せるから着られる、の良循環

正直言って、トレンド服は着る人の身にはなってくれない。ひたすら最先端

のモードを提案するわけで、痩せすぎのモデルにしか着られないように作られた服も多い。それでも、自分が着られるトレンド服を探して、着ようとする気概で女は痩せる。だからトレンドをなんとなくでも追いかけている人は、みんな基本的に痩せている。太っている暇がないのだ。

かくして、トレンドを着るから痩せる、痩せたから着られる服もどんどん増えて、また新しいトレンドに挑むことができるという良循環が、そこに生まれるのだ。だからなおさら歳を重ねるほどにトレンドを追いかけよう。

“SEX and the CITY”の女たちのように、大輪の花のごとく生きたい

かつてこのドラマにハマった人ならわかるだろう。何だか、めちゃくちゃ元気が出たのは、もちろん彼女たちの会話で綴《つづ》られる、元気で前向きな生き方が伝わってきたからだけれども、もうひとつは紛れもなく、彼女たちがみんな競うようにオシャレであったこと。

それぞれの個性を存分に生かすようなスタイルながら、着飾ることが生きること、というくらいに、日々当たり前に着ることを攻めていて、だから一人ひとりが大輪の花のようだった。オシャレをしていて、死にたくなる人はいない。着る行為そのものが、生命力となるからなのだ。なんだか楽しい。女子会はオシャレを競う場でもありたいのだ。

百歳のモードのカリスマは、その年齢すら派手に見せる

アイリス・アプフェルという女性を知っているだろうか？　一九二一年生まれ。インテリアコーディネーターの仕事を持ちながらも、ファッショニスタとしてあまりにも有名。二〇〇五年にメトロポリタン美術館でこの人の服飾展をやったとき、記録的な大ヒットとなったと言われる。

ひと言で言うならば派手。これ以上派手になれないくらい派手である。しかし無軌道な、独りよがりな派手ではなく、ちゃんとセンスを感じさせるから、

個性的ながら好感度の高い派手。ちゃんとモードとして成立している。とりわけ、大きな丸メガネと、恐ろしくカラフルな大玉ネックレスは、何よりのトレードマーク。その存在感が、百歳という年齢の深刻ささえかき消している。それどころかここまで洗練された派手が成立すると、百歳という年齢すらもオシャレに派手に見えてしまう。百歳のカリスマは、オシャレがもつエネルギーのすごさを、ひとり体現しているのである。

やりすぎくらいでちょうどいい。
だから歳をとるほど派手になれ

オシャレとは、目立つこと。そう言ってもいいと思う。もちろん、さりげないシンプルな装いをこそ洗練と呼ぶのは間違いないけれど、この場合はよほど上質な、よほど高度な装いでないと、その人自身が輝いては見えない。ある程度年齢を重ねたら、どこか目を引くほどのインパクトを持たないと、単なる地味に見えてしまうのだ。

だから、ちょっと〝やりすぎ〟くらいで、ちょうどいい。ちゃんとセンスのブレーキを利かせられる人は、年齢を重ねるほどにむしろ派手になっていくくらいでちょうどよいのだ。

毎日が、お出かけ、毎日がよそゆき。その心意気

若い頃は、いい意味で力の抜けたエフォートレスもいい。毎日毎日頑張る必要はなかった。でも歳を重ねたら、逆に毎日のように手抜きのないオシャレをしていたい。毎日がお出かけでいい。毎日がよそゆきのつもりで満点のオシャレをしないと、くすんで見えてしまうから。歳を重ねたら、外出することが、そのままアンチエイジングなのだから。

Lesson 12

メイクは
要するに錯覚だ

ニコール・キッドマン。
メイク上手は知性ある人、バランス感覚のいい人、
そういう結論を、この女優の活躍が教えてくれる

メイクの知恵で、何度でも甦《よみがえ》る人がいる

一時期、世界一の美女とも謳《うた》われたニコール・キッドマンが、四十代に入って、女優生命も危ういほど顔が変わったのを知っていただろうか？　〃世界一〃の責任感なのか、美容医療のやりすぎで、ちょっと怖い顔になったことをゴシップ誌でさんざん騒がれたのだ。天下の美人女優ももはやこれまでか？　そう思うほどだった。なぜなら一度美容医療にハマった人は、顔を直すこと自体をエスカレートさせていくのが常だから。

ところが、この人は違った。ＩＱ百三十二、人間的にもバランスのとれた人

とされるだけに、顔立ちも次第にナチュラルに戻っていった。結局美容医療も、その人のセンス次第なのだ。

かくして五十代に入ろうとするとき、いくつもの女優賞獲得、女優として最高のキャリアを残すことになる。それも知性と人間的センスで崩れかけたイメージを立て直すことができたから。大人世代にとっては美容医療もメイクのようなもの。もちろんメイクでもバランスのよい美しさを取り戻し、再び引っ張りだことなる。そもそもデビュー当時は〝赤毛の大女〟というイメージだった。それがキャリアを積むうちに美しさがメキメキ進化。ブロンド、抜けるような白い肌、きゃしゃな体……すべて持ち前の知性でつくったものである。

そういえばメリル・ストリープも映画のたびに別人かと思うほど変身を遂げる。六十代から主役を張る奇跡も、知恵と才能がもたらしたものなのである。

美貌を進化させるのは、
美容にがむしゃらな女じゃない、むしろ知性派だ

子役はうまく美人女優にシフトできないと言われる中で、美貌を進化させているのがエマ・ワトソン。「ハリー・ポッター」シリーズの少女役のイメージから脱却できずにいたのが、このところ一気に美女イメージを確立。この人も知性で存在感を見せつける人だけに、ちゃんと頭で自分を演出し、メイクでもファッションでも自らを輝かせる術を編み出したから、女として進化した。少女の頃の気の強そうな顔印象が、最近はそっくり色気に変わっていて見事と言わざるを得ない。美貌を進化させるのは、美容にがむしゃらな女ではない、むしろ知性派なのである。

メイクは錯覚、見えない矢印を顔じゅうに描くことだと知ると、人は俄然キレイになる

メイク映えの話はすでにしたけれど、要するにメイクは錯覚。〝あたかもそうであるように〟錯覚させるのが、メイクの絶対の役割なのだ。そこに気づくと、間違いなくメイクが変わる。びっくりするほどキレイになる。だってアイ

ラインの目尻をほんの一ミリ上に引き上げただけで、こめかみからきゅっとリフトアップされた顔になるんだから。見えない矢印が顔の中に描かれると、その矢印の方向に肉が持ち上がったように見えるのだから。そうやって顔じゅうに見えない矢印を描いていく作業、それがメイクなのである。

大人は〝隠し技だらけ〟の、パワーナチュラルメイクを習得せよ

ナチュラルメイクもいろいろで、単にうっすらと化粧品がくっついているだけのナチュラルメイクじゃ意味がない。あくまでも一見ナチュラルなのに、〝隠し技〟がこってりいっぱい入っているパワーナチュラルメイクを目指してほしい。

前の項目で述べた〝見えない矢印〟はもちろん隠し技の象徴だけれど、そもそもアイシャドウもまぶたを影にする隠し技、チークと口紅も血色を加える隠し技、眉自体の形や方向も、顔立ちのバランスをつくる隠し技、アイラインも

すでに何度か述べたように、まつげの生え際をつくる隠し技、そもそもファンデーションだってあたかも欠点がないような肌になりきる隠し技……。じつはすべて隠し技だったのだ。毎日のメイクでこれをいちいち思い出すと、自然にパワーナチュラルメイクができあがる。これぞ究極のメイクだって知っておいてほしい。年齢を重ねるほどに、メイクは遊びじゃなくなる。本気も本気の百二十％〝隠し技〟メイクを心がけるべきである。

オードリー・ヘプバーンは、むしろメイクが濃かった。これも錯覚

オードリー・ヘプバーンには、きっとあなたも〝ナチュラルメイクの人〟というイメージをもっていたはず。今もあちこちで見かけるポートレートの多くがモノクロ写真だからということもあって、ナチュラルと錯覚するのだろうが、じつは全然ナチュラルじゃない。

野太い眉も、三枚くらい重ねたようなつけまつげも、三ミリも幅がありそう

な太いアイラインも、むしろ強すぎるほどの濃厚メイク。でもちゃんとこの人を美しく見せるメイク効果として効いているから、強すぎるメイクに見えないのだ。それどころか持ち前の清潔感も手伝って、ナチュラルに見える。こういう錯覚こそメイクの醍醐味《だいごみ》。

白っぽい肌色のペンシルを一本持っておくと、
簡単整形メイクができる

肌から浮くほど〝白っぽい肌色〟のペンシルかスティックを用意。これで、両方の口角から斜め上にそれぞれ一センチくらいのラインを引いて、軽くぼかしてほしい。すると口角がきゅっと上がったように見える錯覚リフトアップが完成。不思議だけどホント。

あご下に薄い茶色のシャドウを入れると、
それだけで顔が小さく見える

これも不思議。耳から耳へ下あごを通って、薄い茶色のシェーディングシャドウを入れる。たったそれだけで顔が小さく見えてしまう。信じられない？　それこそが隠し技。顔のまわりに影をつくるだけで小顔効果が生まれるのだ。

頬骨に沿ってツヤを入れるだけで、五歳若返る

まず頬骨をさわってみて、出っ張った骨に沿ってツヤを入れる。骨格を際立たせることで顔立ちにメリハリをもたらすと同時に、肌もピンとしたハリのある肌に見せることから、誰でも必ず五歳若く見える。お試しを。

口紅の輪郭をぼかすと、少女のようなフレッシュな唇に見える

ひょっとするとリップライナーをくっきり引いたほうが若く見えると思っていないだろうか？　確かにベージュなど、色によってはそういうケースもある

けれど、ピンクや透明度の高い赤など、人をキレイに見せる血色口紅ほど、リップライナーを使わず、むしろ唇中央にだけ色をのせ、輪郭をぼかしておくと、逆にとても若く見える。少女の唇のような血色を再現するつもりで、輪郭なしでふわっと口紅を塗る技、覚えてほしい。

Lesson 13

センスは最強のアンチエイジング

© Frederic Legrand-COMEO/ Shutterstock.com

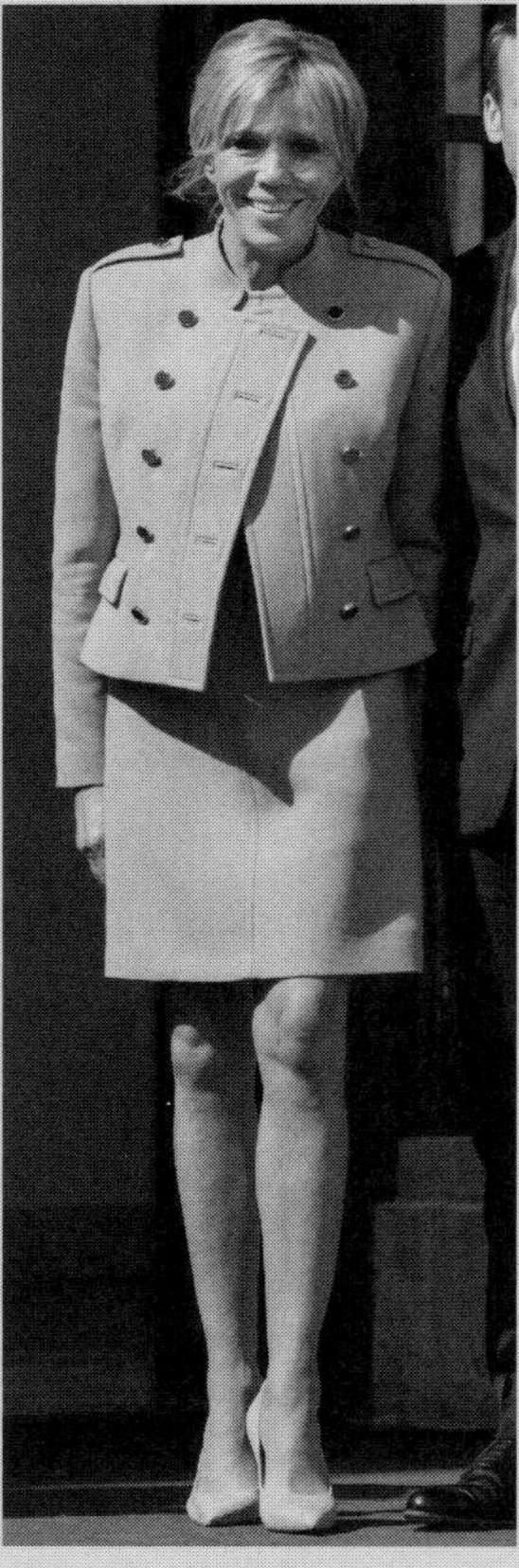

ブリジット・マクロン。歴代のフランスのファーストレディは、
オシャレと社会的立場を見事にミックスさせ、
ファッションアイコンとしての役割も

〝知的センス〟があれば、美容医療はいらない

今の時代、若くいようと思えば、いくらでも若くいられる。だからこそ、大人の美の基準は変わりつつあるのだ。ただの若さ美しさでは、もう意味がない。知性とセンス、この二つがないと、大人はキレイに見えない時代へと。

いやそもそも、美容医療自体、知性とセンスがないとどんどん偏ってバランスの悪い顔をつくっていくことになるのだろう。早くも今、まったくいじっていない美しさのほうが尊いという美意識も生まれている。たとえばフランスのマクロン大統領のブリジット夫人。夫よりも二十四歳年上。教師をしていたと

きの教え子から求愛され、十五年後に結ばれるというドラマのような展開。でもその年下夫が大統領にまで上り詰めること自体も、すごいドラマである。で、愛されている自信からか、明らかに何も直していない。その潔さが、かえって尊敬を集めているのだ。同時にトレードマークであるミニスカスタイルがあまりにキュートと、これも好評。いろいろ手を加えていないからこそ、その生き生きしたファッションがそのまま素直な若さにつながっている。知性とセンスさえあれば、美容医療はいらないという生き証人。

フランス元大統領夫人といえば、カーラ・ブルーニも知的センスでならした人だが、ファーストレディとしての人気はブリジット夫人に軍配。フランス人好みのエスプリの利いたセンスは、確かに存在を輝かせてやまないが。

なぜメリル・ストリープは老けないか

まるで老けないのに、美容医療の痕跡がまったくない人っているもの。いやそれなりのことはやっているのかもしれないが、そういう気配が見えないのはセンスであり知性の力。メリル・ストリープやジュリアン・ムーアもまさにそのタイプ、がむしゃらに若くいるより、年相応の美しさを確立させる、それ自体が、人間的センスであり知性なのである。

九十代となる最高齢現役モデル、カルメン・デロリフィチェは、奇跡じゃない

二〇一七年、某広告で日本でもブレイクした世界最高齢モデル、カルメン・デロリフィチェ。若く見えるとか、美容医療をやってるかどうかとか、そういう次元を超えている。当時八十代半ばという年齢に、ただもうひれ伏すだけ。人間はこんな年齢まで美しくいられるものなのだと思うだけで、感動である。でも、これを奇跡と言い放ってはいけない。

たとえば、二〇二一年三月、百七歳で亡くなられた篠田桃紅《しのだとうこう》さん（書家）も、年齢を重ねるほどに人々を魅了してきたし、現役のバレリーナ、森下洋子《もりしたようこ》さん

は七十代である。普通に考えたらあり得ないことである。しかしそれが可能になってしまうのは、昨日よりも今日、今日よりも明日と、もっとうまく書こう、もっと美しく踊ろう、そう思い続けた結果。昨日よりも今日もっと美しくあろうと思い続ければ、九十代の絶世美人もあり得るのだ。

でももうひとつ、ずっと美人でいるために不可欠なのが美しいものを見分けるセンス。センスがなければ途中で変な方向に偏っていったはず。正しい美意識と、磨き抜かれた洗練があったからこそ、モデルという美のお手本であり続けられた人なのだ。

センスを鍛える決め手は、断捨離だった

オシャレのキャリアもたっぷりと積んだら積んだで、自分が何を着ていいのか時々わからなくなる。そういうときは、思いきって断捨離してほしい。五十代、六十代になってくると、いらないのに、着ないのに、なんとなく持ってい

る服のほうがはるかに多くなる。結果ぎゅうぎゅうのクロゼット、自分の着たいものが物理的にも見えなくなってしまう。だから思いきって捨てる。すると自分が着るべき服、自分が進むべきオシャレの方向が見えてくるから。

もう服は買わない。増やしていくのは小物だけ?

断捨離したら、もう本当に必要な服しか買わない。いや、しばらく服は買わないと決める。そして服は買わないけれど、小物だけ加えていく。今ある服をまた違った印象に見せるための小物。じつはそこに、センスが生まれる。上手に小物を合わせたときほど、センスが光るケースはない。だからしばらく服を買わないと心に決めよう。もっと自分が着るべき服が見えてくるから。

帽子をかぶる勇気が、大人の女を覚醒させる

ある日突然、オシャレに目覚めることがあるとすればそれは、勇気のいる帽子をかぶったとき。帽子は最もハードルが高く、いざかぶろうとするとその帽子は二倍にも大きく感じられてしまう。でもそこで尻込みしてはダメ。勇気を振り絞ってかぶってしまう。するとたちまちそれが快感になるはず。次はもっと大きな帽子をかぶろうかしらなどと思ったりする。それこそが覚醒。普通の人から、オシャレな人へ、一気に昇華するような変化が起きるのだ。だからともかく、かぶったことのない帽子をかぶろう。幸い今は帽子がトレンド。みんなもかぶってる、そういうときが覚醒のチャンスである。

お手本はマダム・ヒロコ。

オシャレが楽しくて仕方ない人は、歳をとらない

ワードローブを知人に紹介するうち、あまりのセンスのよさから、自身のブランドを立ち上げることになってしまったマダム・ヒロコさん。ショップチャンネルで、カリスマと呼ばれる人だ。この人を見ていると、オシャレすることの楽しさがまざまざと伝わってくる。「これとこれを合わせたら素敵かもしれない」というコーディネートの快感そのものを教えてくれる人なのだ。

だから当然のように、小物合わせの技が天才的。帽子のオシャレがまた見事。帽子がその装いを何倍にもスタイリッシュに見せてくれること、帽子をかぶればかぶるほどなおさらオシャレが楽しくなることも教えてくれる。そして、オシャレが楽しくて仕方ない人ほど歳をとらないことも……。

Lesson 14

老けない人は、太らない

太らないこと、老けないこと、そしてオシャレであることの
トライアングルが良循環を見せたときに本当に美しい大人ができあがる。
お手本はやはりこの人、アンジェリーナ・ジョリー

太らないから、老けない人。
老けないから、太らない人

歳をとるほど太ってしまうのは、女性ホルモンが減るからといわれるが、でもそこには大きな個人差があって、太る人は太るけど、太らない人は太らない。その差って何か？　にも諸説あって、子どもの頃に太っていた人は脂肪細胞の数が増えてしまうから痩せないという説、腸内菌の違いだという説もある。

でも決定的なのは、やっぱり意識。老けないように気をつけている人は、結果的に太ることもない。老けないように全身に神経を行き渡らせているから、太る隙も与えないのだ。

そして、太らないから、老けて見えないという見方もできる。女は中年以降太ってしまうと、それだけで〝現役の女〟感が減ってしまうから。

ただ、〝太らないのに老けてしまうこと〟は十分ありうるのを、知っておかねば。これは、ダイエットのしすぎで、生命感も乏しく肌のハリも失われた場合。あるいはしぼんで見える場合。もともとふくよかな人が急激に痩せた場合などに起こりうる。無理に痩せようとすると老けてしまう、だからむしろ老けないブレーキで、太らない自分をキープするほうが、大人は美しく痩せられるのだ。

たとえば、アンジェリーナ・ジョリーは、痩せすぎがたびたび話題になってしまう人だが、それでもぎりぎりのところでとどまって、それを美しさに変えている巧みな人。これは常に〝洗練〟された生き方を心がけている知的な人だけの特権、そう言っておきたい。

体重計にのらないと痩せる？

太らない人は、毎日必ず体重計にのるともいわれるが、体重計にのらない痩せ方のほうがキレイに痩せることを知っておこう。体重計にのると数字だけにこだわりがちだが、服を着るだけで痩せようとすると、あーウエストが太くなったとか、肩に肉がついたとか、意識を部分に集中して太らないことを心がけるから、いつの間にか美しいプロポーションができあがる。体重計にのらないほうが人間、緊張感をもって無意識に体重管理するはずだから。

二キロ太って、二キロ痩せるちまちまダイエットのすすめ

体重はどうしても二キロ程度の増減が出てしまう。そこで数字が二キロ増えたら一キロ一気に戻す。炭水化物を減らしたり、エレベーターを使わずに階段

を使ったり。そうするうちに、基本体重が減っていくが、減りすぎないのもこの方法の利点。何よりそうやって〝ちまちまダイエット〟すると、二キロ痩せても太っても、なんだか最近キレイになったと言われる。ちょっと印象が変わることが肝なのだ。

甘いものか、脂っこいもの、どちらかを諦めるのなら、きっとできる

食事療法でダイエットをしようとするとき、ただ、漠然と食事を減らしたり、太りやすいものを全部やめるから続かない。女は、甘いものも脂っこいものも好き。両方同時にやめようとするからつらいのだ。どちらかを自分に許す。それならばきっと習慣になって結果痩せる。

メラニア夫人は、年齢不詳。太る気配さえない体のなぜ？

トランプ元大統領夫人、メラニアさんは、老けないし太らない。何か必死でダイエットしている印象もない。この人の場合、かつてはグラマラスなプロポーションが自慢のモデルだったから、見られている意識と、女の体を保とうとする強い意識が働くのだろう。意識だけで太らないと、逆に結果として老けないという副産物がついてくる、典型的な例だ。

出かけるのが億劫《おっくう》でない人は、太らない

毎日毎日オシャレをしていると、太る暇がないとはよく言われること。オシャレを意識した服は、だいたいが厳密なプロポーションを要求するから、服を着るたびに体の形や肉づきを意識するはず。それだけで、体まで仮縫いするような効果が人を太らせないのだ。

〃オシャレをすることは女性のたしなみ〃という信念から、いつも上級のドレスアップをしているデヴィ夫人は、きっとだから太らないのである。〃出かけ

る〟のは、社会に自分を披露していくということにほかならない。よく動き回る人はそのぶんだけ心身の代謝がよくなって、太りにくい体ができあがる。つまり女は、出かけないと必ず太る。出かけることが億劫だと、余分なストレスがたまり、これはこれでダイエットに反することも、覚えておいて。

マリリン・モンローが、わざわざきつめの服を着たのはなぜなのか？

きつめの服を着ると太って見えるから、少しゆとりのある服を着ましょう……それが着痩せの揺るがぬ法則である。しかしマリリン・モンローはあえてきつい服を着た。それは女っぽくグラマラスな体をつくるため。「あなたの服は、女であるってことを証明するには十分にきついほうがいいし、でもレディであることを証明するには十分にゆるいほうがいいの」。そう語ったマリリン・モンローは、私たちが考えるよりずっと知的な人だった。

太って見えるぎりぎりのグラマラス、ソフィア・ローレンも歳をとらない

ハリウッドを代表するグラマラス美人といえば、今なお健在ソフィア・ローレン。この人もメラニア夫人同様、世間が自分に求めている役割をよく知っている人なのだ。グラマーでならした人は、体に対して使命感があるからバストも下がらないし、くびれも太くならない。女性の体の美しさをずっと保ち続けるからこそ、歳もとらない。正直バストが大きすぎて太って見えるぎりぎり。しかしそのさじ加減もよく知っている。

女は「くびれ」から歳をとる。失ってはいけない三つの「くびれ」とは

くびれがなくなると、女は途端に老けて見える。ヒップが多少太っても老けないが、くびれはマズい。だから、スカートのウエストがちょっときつくなっ

たら、すぐ食事に気をつけて上半身ネジリ運動を。

ちなみに、女の体にはくびれが三つある。首、手首、そしてウエスト。どのくびれが太くなっても女は老ける。少しでも太りかけたら、くびれから痩せること。

Lesson 15

シワが見えない人

© Ikuo Yamashita

デザイナーの島田順子さん。シワがあっても見えない人には、
絶対の共通点がある。表情豊かであること、心からの笑顔。
笑顔が多い人ほどシワは見えないのだ

シワは表情の奥に潜むと、見えなくなる

そうなのだ。同年齢で、本来同じようにシワがありそうなものなのに、ひどくシワが目立つ人と、シワが見えない人がいる。それはひとえに、表情の違い。人間の目はけっこう不器用で、結局いちばん目立つものしか見ていなかったりする。だから、美しい表情に視線を奪われると、ほかのものには目がいかないのだ。

ファッション・デザイナーの島田順子《しまだじゅんこ》さんは、まさしくそういう人。この人の姿を記憶の中に探してみると、浮かんでくるのは、じつに小粋なアップにま

とめられたグレーヘアと、豊かな表情ばかり。シワはまったくイメージできないのだ。それは視覚的な結果だけにとどまらない。私たちの意識の中では、この人の存在そのものに洗練と人間性の奥行きがダブって見えるからこそ、表面のシワは必死で見る気にならなければ見えてこない。そういうものなのだ。

ましてや常に輝くような生き生きした表情をしていれば、その表情の中にシワが溶け込んでしまう。シワって、私たちが考えているよりも、人からは見られていないのかもしれない。そもそも私たち女性は、自分の肌にシワがたくさんあることを何とかして探し出そうとしているから、実際よりも多く見えてしまう。そうしたメカニズムが、シワを必要以上に気にして笑わなくしていると したら残念なこと。島田順子さんのように、にこやかに生きてると、シワは消える。

シワにも実際、美しいシワと、美しくないシワがある

シワをつくるのは、肌の衰え……そう決めつけている人が少なくないけれど、むしろシワがどこにどのようにできるかを決めているのは、日々の表情。

たとえば、眉間のシワが深く刻まれている人と、そうでない人がいるのは、やはり日々の表情の違いからくる差だと思う。いつも〝しかめっ面〟をしている人は、下向きのシワができやすく、いつも笑顔の人には笑顔のまんまのシワができている。つまり、いつもの表情を想起させるからこそ、美しいシワと美しくないシワがあるのだ。やさしい表情を思い出させるシワは美しいし、意地悪な表情を思い出させるシワは、醜い。単純にそういうこと。

ほうれい線って、そんなに憎むべきシワだろうか

一般的に、ほうれい線のシワは許せないとみんな言うけれど、それ本当だろうか。ほうれい線は、言うならば笑顔ジワ。笑顔をつくって、ほうれい線ができない人などいないわけで、いつもいつも「笑顔」顔の人は、真顔でもここに

シワが残りやすい。でもそれが美しい顔をつくっているケースもたくさんあって、そういう意味では目尻の小ジワも、笑顔ジワのひとつ。いわゆるカラスの足跡がとってもキュートに見える人って少なくないはずなのだ。

すべてのシワを一様に嫌うのは違うと思う。もう一度自分の顔のシワ、検証してみて。

センスのいい人は、シワが少ないってどういうことだろう

シワって、本当に不思議。表情の美しさのみならず、その人自身にたっぷりの魅力があると、その対比で本当に目立たなくなる。本来がシワは、取るに足らないどうでもいい要素。だからその前に魅力がたくさんある人は、シワをどんどん視界からはずしていく。逆に言うならば、正直、印象が薄い人ほど、シワが目立ってしまうということ。

ファッションセンスもあって、ライフスタイル自体が素敵な人、たとえば岡《おか》

田美里《だみり》さんも、シワなどどうでもいい要素にしてしまう人。これは、生涯変わらない。七十代になっても、八十代になっても、シワは見えないままのはず。だからこそ、魅力の自分磨きがそのままアンチエイジングになると言いたいのである。

肌がピカピカ光っているから、シワが見えない人……

シワって、実際に状況によって見えたり見えなかったりする。だからこそ、よい表情がシワを目立たなくするわけだけれど、もうひとつ、肌の美しさそのものも、シワを目立たなくさせる重要な決め手。肌が明るくツヤツヤ輝いているからこそ、対比でシワが見えない人もいる。

芳村真理《よしむらまり》さんも、まさにそういう人。ファッションセンスもずば抜けたものがあるからこそ、もともとシワが見えにくい人だけれども、それに加えて、年齢を超えた明るく輝くような肌は、まぶしいからこそ、ある意味目眩《めくら》まし効果でシワをかき消してしまうのだ。加えてメイク映え自体もシワを飛ばしてしまう。年齢を重ねても、年齢のぶんだけシワが増えるわけではない。だってこの人は、もう八十代後半である。

エリザベス女王は、なぜシワがない？

ちょっと奇跡的に若々しい人のひとりに、エリザベス女王がいる。欧米人は、アジア人よりも肌質的に衰えが早いと言われるのに、既に九十代半ばとなるエリザベス女王の肌には、あんまりシワが見えない。こちらもまた白く美しい発光肌がまぶしいからもあるけれど、いつも華やかな色のスーツと帽子、そういう華やかさに加え、その年齢と思えないほど背すじがピンと伸び、凛としているから。そういうことでもシワが目立たなくなると覚えていて。

シワを見せない方法なんて簡単

とても単純に、スカートに座りジワができてしまったようなとき、応急処置としては水を霧吹きでかける程度のことしか思いつかないが、肌のシワも同じように、やっぱりたっぷりの潤いを絶やさぬことなのだ。もちろん、継続的なリンクルケアも必要だけれども、それ以上にまずシワの最初のきっかけは慢性的な乾燥だからこそ、常に常に潤いをたっぷり与えておくこと。その場でシワを目立たなくするのに、潤いを何度も何度も丁寧に叩《たた》き込んでほしい。ただし与えた潤いは、やがて乾いていく、だから毎日マスク、もあり。

お手本は、モデルの高橋喜代美《たかはしきよみ》さん。六十代半ばでも肌の中の水が見えるような、みずみずしさや清潔感を絶やさないぷるぷる肌と美しい笑顔で、シワが見事に見えない人である。

Lesson 16

「笑顔」顔の女になる

「風と共に去りぬ」で、ヒロインの親友でありながら
ライバルという難しい役を、
この美しい笑顔で演じきったオリヴィア・デ・ハヴィランド

その人を思い出すと、いつも笑顔……
そういう女になりたい

あなたの中で、〝笑顔の人〟といったら誰だろう。きっと身近に必ず何人かはいるはずなのだ。その人のことを思い出すと、もう笑顔しか思い浮かばない人が。ほかの表情は思い出せない、笑顔だけ。それは、ずばり、真顔も笑顔という人にほかならないけれど、笑顔自体がとても美しく、記憶にあまりに強烈に刻まれているから、ほかの顔が浮かばないというメカニズム。

右の写真は、二十世紀最大の傑作「風と共に去りぬ」（一九三九年）のメラニー役を好演したオリヴィア・デ・ハヴィランドである。この映画では主役であるスカーレット・オハラ（ヴィヴィアン・リー）とメラニーが人気を二分し、自分はどちらの女性になりたいかということが女性たちの間で、また、どちらの女性が好みかが男性たちの間で、議論の的となったほど。

スカーレットはきわめて勝ち気で自信家で、でも自分の気持ちに嘘《うそ》をつけないピュアな部分がある女性。一方のメラニーは、穏やかで思いやりがあり、どんな人もやさしく包み込む包容力ある女性。だからこんなに美しい笑顔ができるのだ。この笑顔だけで周りがふっと癒やされるような、スカーレットまでを穏やかな女にしてしまう、そんな素晴らしい力をもっていた。どうせならこんな笑顔の人になりたい。自分のことを思い出すとき、誰もがこんな完璧な笑顔を思い出してくれたら、きっと人生変わると思うから。

ちなみにこの人、オリヴィア・デ・ハヴィランドは、百四歳で亡くなっている。笑顔の人は、長寿である。

三分に一回は笑顔になる〝笑顔習慣〟は、そっくりそのままアンチエイジング

シワを気にして笑わないなんて、もはやナンセンス。むしろ今、見た目はもちろん、肌機能においても、また生体的にも、「笑う門には若さ来たる」という事実がわかってきている。だから大人の女は、もっともっと積極的に笑うべきなのだ。

気まぐれに大笑いするのではなくて、いつもニコニコ、意識としては、三分に一回は笑顔を見せるような〝笑顔習慣〟をもちたいのだ。三分に一回……それは、常に笑顔を絶やさない人のイメージにもつながっていく。だから心がけるだけでいい、ふわっと微笑《ほほえ》むだけでいい。

笑うほどに、免疫力が高まる
素晴らしいメカニズムを無駄にしない

笑うだけで、免疫力が上がる……もう多くの人が知っている神秘的なメカニズム。笑うことによって、がん細胞などを減らすナチュラルキラー細胞の発現が高まったり、また抗うつ作用が高まったり、総合的に心身が健康になるという状態がもたらされる。しかもただ口角を上げるだけ、つくり笑いするだけで。これほど手間のかからない健康法もないし、これほどお金のかからないエイジングケアもないくらい。だから人間笑わなければ損。

懐かしいミシェル・オバマの笑顔が意味するもの

ファーストレディは、当然のようににこやか。でも、支持率と選挙戦のため？　そう見えなくないのは気の毒だが、トランプ元大統領メラニア夫人は、笑わないことで有名だった。媚《こ》びないぶんだけ、いっそ潔い？　という見方もあるけれど、そうしたもろもろを考えあわせると、オバマ元大統領ミシェル夫人の笑顔はいつも本当に自然であった。どの映像を見ても、満面の笑み。しかも営業のように見えない。笑顔ってつくったものかどうか、ひと目でわかるものなのだ。

じつは、十年近くもオバマ夫妻を追いかけてきたあるカメラマンが、大変に興味深い証言をしている。オバマ夫妻は本当に仲がよく、オバマ氏のやさしさは格別で、これほどスキンシップの多い夫婦は稀《まれ》なのではないかと。私生活のみならず、「支持率に惑わされず初心を忘れない主人を、大統領になる前より愛している」という感動的なスピーチからもうかがえるように、あの自然な笑顔は、幸せと夫への尊敬に裏打ちされたものだった。

そう、女の笑顔には人生が投影される。笑顔が美しくない女の人生は、それだけで哀《かな》しい。

涙袋がある顔は、微笑が見える顔

今や、大人世代よりも若い世代のほうが、積極的にプチ整形に挑んでいるといわれるが、最も人気の施術は、涙袋をつくるヒアルロン酸注射なのだとか。大人世代にはこれが今ひとつ理解できない。なぜ涙袋がなければいけないのか。

これは単純に目がぱっちり大きく見えるうえに、目もとに立体感が生まれ、愛くるしくやさしそうな「笑顔」顔になるから。「ホルモンタンク」という異名を取るようにまなざしがセクシーになるとも言われる。どちらにせよ涙袋は、それほど貴重な微笑印象の源。目の下のたるみもハリがあれば涙袋？　目もとはぐるりとアイケアして、大切にしてほしい。

スマイルラインが美しい人は、背すじもキレイ？

人間の体には、キレイの印象をつくる回線があるようで、背すじをぴんと伸ばすと、顔立ちも上向きの印象になる。口角がぎゅっと上がった美しいスマイルラインが印象的な人って、だいたいが姿勢のよい凛とした人。すぐに存在が浮かぶのが、前田美波里《まえだびばり》さん。ズバ抜けたボディラインの美しさもさることながら、スマイルラインも格別に美しい人である。

今すぐここで試してみてほしい。背すじを意識してピンとさせると、なんだか自然に口角が上がったような気がする。いや気がするのではなく、本当にそういう良い循環が生まれるのだ。笑顔習慣を狙うなら、ぜひとも背すじを伸ばすことをも同時にやってみてほしい。たちまち体がそれを覚えて、最も美しい「笑顔」顔の人になれるから。

「おはよう」「こんにちは」当たり前の挨拶のとき、
あなたは微笑んでいるだろうか？

人間って、微笑んでいるつもりで微笑んでいないときって、意外に多いもの。

たとえば、毎日の当たり前の挨拶のとき、おはよう、こんにちは、そしてお疲れさま、さようなら……そのときあなたは、少しでも微笑んでいるだろうか。習慣として挨拶の言葉は口に出しているけれど、そこに気持ちがついていかないと、顔は無表情だったりする。しかも問題は、自分では微笑んでいるつもりでいること。

口角をちょっと上に向けるだけでいい。しばらくの間、意識してみて。すぐに習慣になるはずだから。やはり毎日の挨拶にこそ笑顔が必要。無表情の挨拶はあまりにも味気なく、人を冷たい印象に見せるはず。笑顔があってこその挨拶、そう捉えて、体に染みついている習慣から少し変えてみてほしい。

Lesson 17

「元気そう」こそ最高の褒め言葉

ハリウッドにおけるコメディエンヌNo.1
ゴールディ・ホーンの明るい輝きは、
娘であるケイト・ハドソンの元気キュートにしっかりと受け継がれた

「疲れて見えるけど大丈夫？」。女はこう聞かれてはいけない

「今日は疲れて見えるけど大丈夫？」。そう聞かれたとき、女は気持ちを引き締めなければいけない。「今日はブスだね。いったいどうしたの？」と言われているのと同じことだから。身に覚えがないのに疲れていると言われるのは、印象が冴《さ》えないね、くすんでるね、くたびれて見えるね、老けて見えるね……そういう意味にほかならないから。まずは、なぜそう言われたのかを考えてみてほしい。歳を重ねたら、疲れて見えるねと言われては絶対にいけないのだ。

逆から言えば、「とても元気そう！」と言われるべき。たとえ元気でなくても元気に見えると言われなければならない。ひとえにそれは、イコール「美しい」ということだから。そして、元気そうと言われたとき、いったい何がいつもと違ったのか？　どうすると元気そうと言われるのか？　そこをきちんとアナライズしてほしいのだ。

ある意味、元気そうは遺伝するものなのかもしれないと思うのは、ハリウッドの元気印ゴールディ・ホーンとケイト・ハドソン親子はどちらもいつも生気に溢れているから。母親は少し〝お直し〟に無理があり、肌がパンパンだけれど、でも全身から発せられているエネルギーは相変わらず。元気ハツラツは、いい意味で親からの無言のしつけのように伝わっていくものなのだろう。だから体質もあるけれど、むしろ心の持ちよう、生活習慣、そうしたもので人の若さって決まっていくものなのだと気づいてほしい。

生命感が目に見えること、それが最強のエイジングケア

メイクの項目の中でも書いたように、若さの鍵は生命感。生命力の輝き。ただそれをメイクだけでつくるのには限界があり、生命力の煌めきになりきる、発光するような輝きを生むのはやっぱり体の中。

だからこそ、何を食べ、何をしたときに「元気そう」と言われたのかを振り返ってみてほしい。自分にとっての生命力の源は絶対に探しておくべきだ。

更年期を超えたら、美容の半分は〝サプリを摂《と》ること〟

年齢とともに、外からの美容がだんだん効きにくくなることに気づいているかもしれない。もちろんスキンケアをやらなくなったら、肌はもっと目に見えて衰えてしまうけれど、スキンケアだけでは足りなくなるのも否定できない事

実。だからやっぱりサプリが必要になってくる。栄養素は、食事で摂るべきということもよくわかっているけれど、でも美しさのために今すぐ必要なものを効率よく摂るためには、サプリの力も無視できない。コラーゲンに酵素、ビタミン、ミネラル群、もちろんもっとマニアックな成分も含めて、ともかく体の中から潤いや細胞エネルギーを生むようなインナーケアを何かしら始めたい。

それが「今日も元気そう」という褒め言葉につながっていくのだから。

笑顔を含んだような声で話したい。
それもまた「元気そう」と言われる鍵

年齢を超えて、常に誰よりも元気そうな印象の人には、絶対の共通点が二つある。まず肌の輝き。これだけは絶対にはずせないが、もうひとつ、とても重要なのが声。

常にはつらつとしていて思わず元気そうと言ってしまいそうな女性たち、加藤タキさんや芳村真理さんは、いずれも肌の輝きとともに声にも輝きをもっている。とてもクリアな、力強い声、その中にいうならば笑顔のような明るいトーンが含まれている。だからこそ「こんにちは」と言った瞬間、「まぁ元気そう」という言葉が反射的に返ってくるのである。

人は人を五感で感じる。第六感で感じるといってもいい。つまり肌から放たれている光と、声に宿ったプラスのエネルギー、それを波動で感じるような受容体があるのだ。ともかく出会い頭、瞬間的に元気そうと言われるって素晴らしいこと。年齢を重ねたら、これが最強の魅力である。

エネルギーを吸い取る人と、与える人

ただ、大人が何より気をつけなければいけないのは、元気にも二種類あること。会った人にもエネルギーを与える元気と、逆にエネルギーを吸い取ってしまう元気があって、自分の元気はどちらなのか、確かめておきたいのだ。

言うまでもなく吸い取る人は、元気が独りよがりで、相手をまるで見ていな

い。エネルギーを与える人は、相手をきちんと見ていて、だからまっすぐに元気のオーラがやってくる。プラスのシャワーを浴びるように心地よくなる。結果、与える人だけが「元気そう」と褒められるのは言うまでもない。

元気を演じるとピカイチなのが、キャメロン・ディアス

「メリーに首ったけ」（一九九八年）、「ホリデイ」（二〇〇六年）……、キャメロン・ディアスが元気な女性を演じた映画はいずれもみなヒットしている。なぜなら彼女を見ていると元気が出るから。決して、はしゃぐ元気ではない。けれど心がいつも前を向いている。そして空気を明るくする。澄んだ元気オーラを発しているのだ。

だから正統派の美人じゃないが、「彼女の魅力は男にしかわからない」と男たちに言わしめる。この人も四十代半ばで結婚、休業、そして出産。でもこの人の元気オーラだけは記憶にちゃんととどめたい。

元気の決め手はビタミンC、下まぶたのブルー、そしてリトルブラックドレス

誰もが「元気そう」の言葉をもらえる三つの決め手をご紹介しておくと、まずはビタミンC。メガビタミンC＝究極のエネルギーで、がん細胞も殺すといわれるほど、ビタミンCの力は別格。二日酔いにビタミンCがいいのは、元気印象の源だからなのである。

メイクでいうと、もちろん血色や肌の明るさなどはマストだけれど、意外に効果があるのが下まぶたのブルーのライン。爽やかで生き生きとした清らかな印象が、いかにも「元気そう」の印象美につながる。

そしてさらに意外だけれど、服でいえばリトルブラックドレス。明るい色を着れば、それだけで元気そうに見えると考えがちだが、明るい色の服がかえって人をくすませることだってあり得るわけで、間違いなく元気に見えるのは、分量を抑えた黒の服。これは黒バックの写真で商品が光るように、人を光らせ

ることができるから。露出の多いぶんだけ、〝華〟も生まれる。清潔感ある華やかさが生まれるのだ。元気がない日は黒を着る。決して重く暗くない黒を。ちょっとやってみてほしい。

Lesson

18

逆に歳をとるほど美しさを増やす人

遅咲き女優で最も成功したのがこの人
ジュリアン・ムーアだろう。
登場したときはすでに大人の美しさが完成していた。そこがミソ

遅咲きの美しさは、寿命が長い

何歳から遅咲きというのかは知らないが、でもこの人は紛れもなく遅咲きだ。ジュリアン・ムーア。ブレイクするのは三十代半ば。それまでは舞台とテレビドラマの仕事が中心で、本国ではそれなりに有名でも、世界的には無名だった。

そもそも、その頃はまだハリウッド四十代定年説があって、そのあたりになると多くの女優は〝肩たたき〟にあったとか。さもなければ性格俳優の道を選ぶしかないわけで、一気にモチベーションを下げてしまうのが普通。逆にジュリアン・ムーアは、まさにみんなが年齢にあがく頃、おもむろに頭角を現した。

なぜこの人が例外的に成功して、その後もずっと〝出ずっぱり〟の状態が続いているのか？　それはひとえに、大人の美しさを完成させたうえで登場したからである。日本で言えば吉田羊《よしだよう》さん。この人もブレイクは三十代半ば。でも、いきなり見せつけた完成された大人の美しさはまぶしかった。

ジュリアン・ムーアもカテゴリー的には美人女優。だけれどアイドル的な美人女優としてデビューしていないから、若い頃の美しさを多くの人は知らない。したがって若い頃と比較もされない。イメージ的に失ったものは何もないのだ。さらにいえば三十代半ばは、女性の美しさが本当の意味で完成する年齢。この辺から女性は歳を重ねてもイメージが変わらなくなる。だからキャリアを重ね、存在感を増したぶんだけ、美しさも増幅しているように見えるのである。

ではなぜ、四十代以降がっかりされる人はがっかりされるのか？

ハリウッドにはかつて四十代定年説があったと言ったが、正直これを平然と乗り越える人はいくらでもいるのに、年齢を意識しすぎて、これ以上歳をとるともう仕事がないという焦りから、自分をいじりすぎてしまった人は、ちょっと残念な結果になる。若い頃に美貌で大騒ぎされたり、可愛さで大ブレイクした人がこの罠《わな》にかかりやすいのだ。

だから言っちゃ悪いが、嘘みたいに可愛かったメグ・ライアンやレネー・ゼルウィガーは、無理やりに若さを死守しようとして、顔もイメージもがらりと変わってしまい、存在感をにわかに失ってしまった。自分の衰えに対して、ジタバタしてはダメ。平然と平然と。

遅咲き女優ロザムンド・パイクも、美人性格俳優で大成功！

もうひとり、遅咲きの美人女優、ロザムンド・パイクも、それまで脇役で映画に出ていたものの、大ブレイクしたのは三十代半ば。まだ記憶に新しい「ゴーン・ガール」（二〇一四年）で人気沸騰とともにオスカーにもノミネートされた。この人も、いきなり知的で洗練された大人美を見せつけたが、同時にいきなり〝怪演〟を見せて、性格俳優の顔ものぞかせた。つまり新しいカテゴリー〝美人性格俳優〟で地位を確立させたのだ。

大人にしか醸し出せない色気と怖さ。そういうふうに、大人の女は若さに代わる、何かもうひとつの形容詞をもつべきなのだと思う。この人はそれまでも〝普通の美人〟の役で出ていたものの、注目を浴びなかった。非常に魅力的な人なのに。ヤバい役をやった途端に、いきなりドカン。大人こそキレイなだけじゃダメ、という動かぬ証しである。

年齢を重ねないと存在感が出ない顔がある。
たとえばヘレン・ミレン

メリル・ストリープ同様、むしろ歳を重ねるほど引っ張りだこになり主役を張るようになった女優に、もうひとり、ヘレン・ミレンがいる。若い頃はテレビ中心の地味な存在だったが、大当たりしたのがエリザベス女王。一世、二世、両方を演じて、ここまで威厳と品格を演じられる顔はないとして。年齢を重ねないと存在感が出ない顔ってあるものなのだ。花開く年齢は人それぞれ違うのである。そういえば、草笛光子さんも、むしろ七十代からの活躍が目立つ人。どこかに風格のある顔って、年齢を味方につけるのだ。

更年期から、むしろ美しさは増えていく？ 女でなくなるなんて大間違い

更年期とは、女性ホルモンの分泌が減り閉経を迎えることを示している。昔からこの段階で〝女は女でなくなる〟的な言い方をされてきた。閉経＝現役の女、終了というふうに。でもそれ本当だろうか。いや、はっきり間違いだと言いたい。それも理屈抜き。閉経してからにわかに肌が安定して、むしろ昔よりキレイになったという声を本当によく聞くのだ。実際に、ホルモンバランスが変わるときは言うならばホルモンが暴れる感じで、いろんなトラブルが起きていたのに対し、閉経してしまうと確かに女性ホルモンの分泌量は減るけれど、逆に低

度安定するから、トラブルが減り、キメも細かくなって、シワは増えても、以前よりキレイになっても不思議じゃない。美しさは死なない。むしろ増えていく。更年期から一気にキレイになる人って、じつは少なくないのである。

女は愛され、褒められると、どんどんキレイを増やしていく

一生独身宣言していたはずのジョージ・クルーニーが、あっけなく結婚してしまったのには、世界中の女が騙《だま》された気になったが、相手を見たら、さもありなん。この美しさで国際弁護士だったりするわけで、恐れ入りました、ってなってしまった。

しかもこのクルーニー夫人、結婚後どんどん美しくなって、その辺の女優よりも光り輝いている。言うまでもなくカメラが常に追いかけてくるうえに、天下のジョージ・クルーニーがうちの妻を見てください、キレイでしょう、キレイでしょうと、ノロケどころではない、公の場で褒めちぎるから。見られて、

褒められて、愛されて、この効果は大人になるほど大きいようである。

歳をとってもキメ細かさと輝き、透明感は増やせる。まずは色白になること

美肌要素は、歳をとるほど失うものばかりだと思わないこと。お手入れ次第で増やしていけるものもある。まずキメ細かさ、そして透明感。これは本当に増やしていける。残念ながらシワとたるみは進んでしまっても、肌の素材感自体は高めていけるのだ。

丁寧にお手入れをすればキメはむしろ細かくなっていくし、肌も少し薄くなるぶんだけ透明度も高くなる。しかしそのためには、色白をキープ。色がくすむと、それだけで輝きも透明感も生まれない。色白をつくるお手入れがキメ細かさも同時にもたらすと考えて。ともかく諦めないこと。美しさは七十代からだってちゃんと増えていくのだから。

Lesson 19

一生ハイヒールという美容

人を最も美しく見せるのは、9センチヒールといわれるが、
その9センチヒールをいったい何歳まで履けるか、
それがひとつのアンチエイジングだと考えて

ハイヒールを脱がないことが、女の現役であり続ける生命線

エリザベス女王が若々しいのは、ひとつに華やかなロイヤルファッションに身を包んでいるから。ああいうコンサバなドレスアップには、背すじをスーッと伸ばす効果があって、大変なアンチエイジングになっているはずだし、常に正装度の高い帽子をかぶることも、ナチュラルなリフトアップになって顔がたるまない、衰えない秘訣《ひけつ》なのだろう。でも決定的なのは、五センチでも六センチでもともかくハイヒールを履いていること。

言うまでもなくコンサバなドレスやスーツに、フラットシューズはどう考え

てもそぐわない。オーソドックスなスーツとなればなおさら、どうしたって靴はハイヒールになる。太めのヒールながら、この人はやっぱりずっと履き続けるつもりなのだ。九十代から先もずっと。もっと言うならエリザベス女王はただの九十代ではない、どこかに女というものを感じさせるのは、やはりこのハイヒールがつくる〝女性性〟なのだろう。

もちろん見た目にも、ハイヒールは体を女のものにする。でも見た目だけではない、ハイヒールを履いていることで、女の体には女の自覚が行き渡る。だから、そこはかとなく女らしさが漂うのだ。ハイヒールは、上から人の体を引っ張っている形になると言われるけれど、本当。ハイヒールを脱いだら背中も丸く、顔立ちもたるんで、身長が二十センチも縮んだように見えてしまうかもしれない、そのくらい、ハイヒールは女の体に効くのである。

ハイヒールを履くと女性ホルモンの分泌が高まる？

女の体はまさに神秘。ハイヒールを履くとそれだけで、生物学的にも女性ホルモンの分泌が高まるというのだ。つまり背すじが伸びたり顔立ちのたるみが減ったりするのは、心理的な効果だけではないということ。

でもなぜ？　ますます不思議だけれど、ハイヒールを履いた足の形、いわゆる〝つま先立ち〟の状態になると、その形自体が女性ホルモンを刺激するらしいのだ。一説にこれは、女性の生殖機能を高めるからともいわれる。バレエでは、いわゆるトゥシューズでつま先立ちするのも、基本的に女性だけ。このつま先立ち、人間の成り立ちから女の形だったということか？

ハイヒールを履くファッションが、結局、女を女にする

ジーンズも、ハイヒールを履くと、とたんに女の服になる。それどころか、もともと女っぽい服よりも、むしろ女をより女に見せることになる。男の大きなシャツを女が着ると、妙に女っぽく見えるように、ハイヒールが、ジーンズ

の中に潜む女っぽさを引き出したから。ハイヒールは、マニッシュな服ほど女の服にすると覚えていて。

もう五十代をすぎたら、ジーンズはハイヒールとセットと考えるべき。やっぱり年齢を重ねてからのジーンズは、どこか女をくたびれて見せてしまいがち。元はと言えばジーンズも労働服。だからそこで女を立ち上がらせるためには、ヒールが不可欠なのである。スニーカーが何よりおしゃれという時代だからこそ、あえて言いたい。

ハイヒールはそのままダイエット

ハイヒールを履くと、背すじが伸びる。バストがちゃんと上を向き、必然的におなかが引っ込む。これは単純に、見た目においても着痩せ効果があるということ。体の中の回線が、つま先立ちした時点でそういう形を自然に作り出すからなのだ。また、背すじが伸びることによって、開いていた骨盤がぎゅっと引き締まって、骨盤の中にたまりがちだった贅肉が消えていく。それは見事なダイエット。日々ハイヒールを履く習慣をつけているうちに必ずそうした理想的な体型ができ上がると考えて。ハイヒールダイエットってあり得るのだ。

履きやすいハイヒールを見つけたら二足買う、色違いで三足買う

ハイヒールを一生履き続けるためには、やっぱり足に合った靴を選ぶ以外にないわけだけれど、だからこそ自分に合う木型を見つけたら、その木型にこだわり続けること。頻度の高い色なら二足買っておく。また色違いがあるなら全色買っておく。逆にそれが無駄のないハイヒール生活の決め手となるはずだから。結局ちょっとでも合わない靴は絶対履かない。

ハイヒールで歩く姿を映像に残そう

歩く姿は、自分では自覚できていないもの。立ち姿はキレイでも、歩くと途端にお尻が出っ張って姿勢が悪くなったりしがち。そこで絶対のコツは、頭のてっぺんから何かで吊《つ》り上げられているようなイメージをもちながら歩くこと。

そしてウィンドウに映る姿を見ながら歩くのもよし、誰かに映像を撮ってもらうのもよし。ともかく自分の目でちゃんと見ること。でないとハイヒール効果が台なしだ。

バックベルトと、ストラップのススメ

普通のパンプスできちんと足に合うものが見つかればそれがベスト。だけれ

どなかなか合う一足に出くわさないというなら、足首にストラップがあるハイヒールか、もしくはバックベルトのハイヒールを買ってほしい。要は、足首とかかとの部分をしっかり固定することが履きやすさの決め手だから。だから、ストラップで足首を固定すること、バックベルトでかかと部分をフィットさせること、二つのデザインは大人を助けてくれる。

ストッキングだって、もう当たり前のストッキングははかない

ハイヒールを履くと、必然的にストッキングにもちょっとお金をかけたい気持ちになってくる。そう、大人の女はこういうところでランクを上げなければ。二足千円なんてもってのほか。一足二千円以上のストッキングをはくことが、すなわちアンチエイジングになることを覚えておきたい。

足の手ざわり、引き締まり感、足入れしたときの感触、そういうものが一つ上のストッキングによって、上質の感覚として怒濤《どとう》のようにもたらされる。見

るからに上質のストッキングをはくこと、それが女をみすぼらしくしない陰の決め手だ。

Lesson 20

一生モテ続ける人になる

永遠の乙女、永遠の姫、そう呼ばれた八千草薫さんは、
言うならばモテる女性の最強のお手本のような人だった。
いくつになろうと、無意識に男性をポッとときめかせた天才

姫と呼ばれる宿命を背負った人、八千草薫《やちぐさかおる》さん

女は、裏で、陰で、人からいったいなんと呼ばれているか、それは、きわめて重要な要素だという話をしよう。ずばり言ってしまえば、自分のいないところで「あのオバさん」と呼ばれていないだろうか。「あのオバさま」と呼ばれるのもどうだろう。「あのマダム」。せめてそのぐらいのニュアンスで呼ばせたい。もちろん、自ら「おばちゃんはね」というふうに、自分をおばちゃん呼ばわりして人に話しかけるキャラならば、それはそれでいいと思う。しかし裏でも表でも一生そう呼ばれない人は呼ばれない。いったい何が違うのだろう。ま

してや百歳になっても、「おばあさん」と呼ばれない、そういう人っているのである。

たとえばこの人、故・八千草薫さん。一世を風靡《ふうび》した「やすらぎの郷《さと》」というドラマでも、この人は「姫」と呼ばれていた。おそらくは、一生、姫。私生活でもきっとそうだったのだろう。柔らかい笑顔、しなやかな所作、穏やかに一つひとつ丁寧に言葉を発する愛らしい声、何よりそこはかとなく伝わってくる品のよさ、そして、清潔感。そうしたものをすべてをひっくるめた佇まいの美しさ……こういう人に対し、世間は、絶対に敬意を表する。ちょっとした呼び名にも。いやちょっとした呼び名にこそ、その人の女性としての位置づけが語られるのだと思う。

さぁ、あなたはいったい何と呼ばれているのだろう。万が一、「あのババア」なんて呼ばれていたなら、もう一度自分をつくり直そう。いくつになっても。

何がなんでもいい人そう。本当にやさしそう

たまにいる、マリア様みたいにやさしい雰囲気をもった女性。仏様みたいにやわらかな表情で、ゆっくりゆっくり本当に穏やかにしゃべり、一度も怒ったことがないような奇跡的にやさしい人。そういう女性は不思議にオバさんと言われないし、それこそ百歳になっても愛される。しかも、十%か二十%は女性として愛される。極上のやさしさへの憧れは、年齢の概念を超えてしまうのだ。マリア様みたいにやさしい女性には、相手が何歳であれ、どこの誰であれ、人は恋をするのである。それこそが八千草薫さんのような人だというのである。

ともかく一生オバさんと呼ばれない、呼ばせない意外なコツ

じゃあ、「オバさん」と呼ばれてしまう人と呼ばれない人、いったい何がどう違うのだろう。答えは簡単。今も、恋愛をしていること。またはこれから恋愛をしそうであること。

これが、「オバさん」と呼ばれない、呼ばせない絶対の決め手である。恋をしている可能性があるかどうかは、あくまで気配の問題だから、その境界線を何がどうと具体的には言えない。まさに気配。人を好きになりそうな雰囲気が伝わってくるかどうかなのだ。

逆に、男性を思い浮かべればわかるだろう。彼は今も恋愛しているだろうか。あるいは、しそうだろうか。きっと気配でわかるはず。もちろん実際に、交際しているかどうかは別問題。ただ、誰かにどこかで恋をする可能性があるかどうか。それが人のイメージを分けるのだ。まだ女性なのか、オバさんなのか？

だからジェーン・バーキンは、一生そう呼ばせない

十〜二十代の頃の、「妖精」と呼ばれた時代のジェーン・バーキンを知って

いるだろうか。天下のモテ男、セルジュ・ゲンスブールのパートナーとして、またフレンチロリータとして世界中の女性が憧れたものだった。その人も七十代に入り、正直その頃の面影はないものの、何かこの人には「オバさん」と呼ばせてしまう気配がない。なぜなら今なお、女性として現役であろうとするから。恋の噂がずっとずっと絶えないから。娘に、恋愛の心配をさせるような母親であり続けるから。恋をしつづけている人は、やっぱり何か別の甘やかな気配を放っているものなのだ。私たちも、ずっと恋をしていたい。ずっと女でいるために。

八回結婚したエリザベス・テイラーは、本当にモテたのか

七人の男性と八回結婚するという記録をもつのが、かつて世界一の美女と謳われたエリザベス・テイラー。若い頃は、モテてモテてどうしようもなかったはず。顔だけでなくグラマラスな肢体には、会う男がみな恋をした。だから、

人の夫を盗むことでも女王。恋愛に関しては歯止めのきかない罪深い美女だったと言っていい。

ただ、恋をしなければいられない宿命にある女は、結婚までが癖になっていたはずで、そういう意味では少しだけ悲しい。回を重ねるたびに、周囲の祝福が得られない結婚となっていったことも。たとえば最後の結婚は、二十歳年下の土木作業員。職業がどうの、ではなく、あまりのアンバランスに相手が金目あてを疑われた。ただこの人にとっては結婚だけが生きがいだったのだろう。並大抵でなくモテた人は、バランス感覚を少し崩してしまっていたわけだが、それでも、九度目の結婚の希望も生まれていたとされ、それは何か救いだ。やっぱり、愛し愛されることが人生だから。もちろん年齢も性も超えて。

美しい人は、いくつになっても美しい。
美しかったことは、美しさなのだ

昔好きだった人には、生涯特別な思いが残る。もちろん、途中でお互いを傷つけ合っていなければの話だけれど。そこには、ちょっと不思議なメカニズムが関係している。人の心にはまるでアルバムのように昔からの相手のイメージがどんどん重なっていくからなのだ。

つまり八十歳になってシワが刻まれていたとしても、昔美しかったイメージは消えない。だからこそ、昔その人を好きだった人にはちゃんとときめきが蘇《よみがえ》るのだそうである。

したがって、美しい人はいくつになっても美しい。昔美しかったときの面影は、体のどこかに必ずレイヤーされていくから。もちろん、昔の姿がまったく思い出せないほど激しく別人になっているようではいけない。面影がどこかに生きていなければダメ。その面影の決め手も、じつは清潔感。どんなに歳をとっても、どんなにシワだらけでも、清潔感さえ保っていれば、不思議に面影は消えないものなのだ。

しかも美しい人ほど笑顔の底に、十代の頃の愛くるしい顔がのぞいたりすることが、本当に起こりうる。美しさの歴史は生涯消えないものなのである。

だからこそ、女は大人になるほどに、清潔感を纏うべきなのである。清潔感さえあれば、どんな時代も一瞬一瞬美しく、自分のイメージに美しさの歴史を重ねていけるはずなのだ。履歴書のようにその時代その時代の魅力が重なって、歳を重ねたときにどこまでも濃厚な魅力になっている。それが女という性なのだから。

文庫版あとがき

清潔感――若い頃は、それを取るに足らないものだと思っていた。それどころか、とても退屈で、野暮ったく、魅力的であることを阻むようなものであるとさえ思うことがあった。

言うまでもなく、若いうちは何をしても、何もしなくても、充分に清潔だったから。どんなに寝不足でも、多少の肌トラブルがあっても、それでも清潔感は逃げて行かなかったから。まさしく、「若さ」という清潔感をたっぷりと纏っていたからなのである。

本書にも記したように、人間は年齢とともに清潔感を少しずつ失っていく。言ってみれば生まれたときが一番清潔で、誰もが二十代の前半までは清潔感に溢れているが、やがて一つ歳をとるごとに、本当に少しずつだが減っていく。それがすなわち老化だからである。

考えてみれば当たり前のこと。しかし私自身も長い間、その事実に気づいていなかった。じつはそれを教えてくれたのが、かつて社会現象にもなった〝安《あ》室《むろ》奈《な》美《み》恵《え》〟の一大ブームだったのだ。

安室奈美恵は、焼けた肌のキメまでが清潔、茶髪の一本一本までが清潔、太めのアイライナーまでが清潔、だからミニスカに厚底ブーツまでが清潔に見えるといったふうに、じつは圧倒的にクリーンだった。

彼女が引退するまで、驚くほど若々しく美しくあり続けたのも、その人がもともと持っている清らかさの効用。年齢を重ねてからの清潔感は、年齢にあらがわないことがひとつの条件となる。つまり無理矢理若く見せようとする人工的な美しさは、いかに肌がツルツルでも決して清潔には見えないのである。

清潔感は年齢とともに失われていくとはいえ、九十代でもちゃんと保っている人はいる。それはズバリ清らかに生きてきた証し。ある年齢からは、生き方がその量を左右するようになってくる。日々をどう過ごすか、人生をどう生きるかが、見た目の清潔感に現れてくるようになるのだ。

だから歳を重ねても重ねても消えることのない清潔美は、人が到達できるひとつの境地。言ってみれば、安室奈美恵のアーティスト人生も、今振り返っても極めてクリーンなものだった。この人は、これからもずっとそうした清らかな美しさを保ち続けるのだろう。

そうしたことも含めて、美しさは清潔感が支配しているという事実に気づくに至るのだ。それからは何かにつけて、清潔感を大切にしましょうという提案をしてきた。とはいえ、大人の女性たちに対してそれをまっすぐ訴えたことは今までなかった。だから今回の文庫化にあたり、改めて、大人の女性たちに向け、清潔感を纏いましょうという、メッセージを送りたいと思ったのである。

それこそ、清潔感さえ保っていれば大丈夫。人は美しいまま歳を重ねていける。この新しいエイジングケアは、誰も裏切らない。だから人生百年時代、ひとつの拠《よ》り所《どころ》にして年齢を重ねてほしい。それを、どうしても、伝えたかったのである。

文庫化にあたり、まさに隅々にまで丁寧に新しい命を吹き込んでくださった集英社文庫編集部の東本恵一《ひがしもとけいいち》さんに、心からの感謝をお伝えしたいと思います。本当にありがとうございました。また、本書のベースとなった単行本の制作にあたり、大変なご尽力をいただいた集英社インターナショナルの野村英里《のむらえり》さんにも、この場を借りて改めて御礼を申し上げたいと思います。

本書は二〇一八年九月、書き下ろし単行本として集英社インターナショナルより刊行された『キレイはむしろ増えていく。大人の女よ！　もっと攻めなさい』を文庫化にあたり、『大人の女よ！　清潔感を纏いなさい』と改題したものです。

本文デザイン／アルビレオ

集英社文庫

大人《おとな》の女《おんな》よ！　清潔感《せいけつかん》を纏《まと》いなさい

2021年8月25日　第1刷
2022年8月13日　第3刷

定価はカバーに表示してあります。

著　者　齋藤《さいとう》　薫《かおる》

発行者　徳永　真

発行所　株式会社　集英社
東京都千代田区一ツ橋2-5-10　〒101-8050
電話　【編集部】03-3230-6095
【読者係】03-3230-6080
【販売部】03-3230-6393（書店専用）

印　刷　凸版印刷株式会社

製　本　凸版印刷株式会社

フォーマットデザイン　アリヤマデザインストア　　マークデザイン　居山浩二

ISBN978-4-08-744287-8 C0195